Liderança Lean

Ficha Técnica do Livro

Título: Liderança Lean
Subtítulo: Estratégias para Excelência Empresarial
Autor: Herbert Souza
Editora: H&Co
Edição: 1ª Edição
Ano de Publicação: 2023
ISBN: 9798872539391
Idioma: Português
Número de Páginas: 168
Formato: 152,4 x 228,6mm Capa Comum
Categoria: Gestão/ Liderança
Palavras-chave: Liderança Lean, Excelência Operacional, Transformação Organizacional, Gestão Eficiente, Melhoria Contínua, Estratégias Práticas, Ferramentas de Gestão, Estudos de Caso, Inovação em Liderança, Filosofia Lean.
Público-alvo: Líderes Empresariais, Gestores, Profissionais de Lean, Estudantes de Negócios, Empreendedores.
Sinopse: "Liderança Lean: Estratégias para Excelência Empresarial", este livro oferece um mergulho profundo nos princípios da Liderança Lean, combinando teoria e prática para transformar líderes e organizações. Aborda a evolução do Lean, suas aplicações em diversos setores e como a liderança eficaz é fundamental na implementação desta filosofia. Rico em estudos de caso, estratégias práticas e ferramentas de gestão, é um guia essencial para quem busca excelência operacional e liderança inovadora. Ideal para gestores, líderes empresariais e profissionais dedicados à melhoria contínua.
Preço Sugerido: R$ 129,90

Liderança Lean

Estratégias para Excelência Empresarial

Herbert Souza

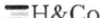H&Co

Direitos Autorais

Créditos das Imagens:

Contatos:

m.hebertsouza@gmail.com

(41)9 9645-4466

Agradecimentos

Gostaria de expressar meus sinceros agradecimentos a todas as pessoas que tornaram possível a realização deste projeto. Cada um desempenhou um papel fundamental e significativo, contribuindo para o sucesso deste empreendimento. Em particular, quero expressar minha gratidão da seguinte maneira:

A Deus: Agradeço a Deus pela inspiração, pela sabedoria concedida e pelas bênçãos ao longo deste processo. Sua graça e orientação foram fundamentais para enfrentar os desafios e alcançar os objetivos propostos.

À Minha Esposa: Minha gratidão eterna vai para minha esposa, cujo apoio inabalável e amor constante foram a âncora que me manteve firme durante este projeto. Sua paciência, compreensão e encorajamento foram inestimáveis.

À Minha Filha: À minha querida filha, agradeço por ser a fonte de alegria e motivação que iluminou cada dia. Seu sorriso e entusiasmo foram combustíveis essenciais para minha jornada.

A Meus Pais e Irmãos: À minha família, agradeço pelo apoio contínuo, pelos conselhos sábios e pelo amor incondicional. Vocês são a base sólida sobre a qual construí meus sonhos, e cada conquista é compartilhada com gratidão.

Aos Amigos: Expresso minha sincera gratidão a todos os amigos que estiveram presentes, oferecendo encorajamento, feedback construtivo e momentos de descontração que aliviaram a jornada. Sua amizade é um tesouro.

Agradeço a cada pessoa que, de alguma forma, contribuiu para este projeto. Seu apoio e envolvimento foram essenciais para o sucesso alcançado. Que este trabalho possa retribuir positivamente de alguma forma às vidas daqueles que o lerem.

Com Agradecimentos Profundos.

Herbert Souza

Dedicatória

Este ebook é dedicado a todos os líderes visionários e comprometidos com a busca constante pela excelência. Àqueles que, com coragem e determinação, abraçam a filosofia Lean como um guia para transformar não apenas organizações, mas também vidas.

Dedico este trabalho aos profissionais que entendem que a liderança vai além de cargos e títulos, sendo uma jornada de autodescoberta, aprendizado contínuo e serviço aos outros. Que as palavras aqui escritas possam inspirar, capacitar e catalisar mudanças positivas em seus caminhos e nas organizações que lideram.

Meus sinceros agradecimentos a todos que, de uma forma ou de outra, contribuíram para a realização deste projeto. Que este ebook sirva como uma fonte valiosa de insights e orientações para todos aqueles que buscam liderar com sabedoria, empatia e a visão inabalável de um futuro mais eficiente e sustentável.

Dedicado a todos os líderes que buscam aperfeiçoar-se continuamente em direção à excelência.

Herbert Souza

Prefácio

À medida que o mundo empresarial se torna cada vez mais dinâmico e desafiador, a necessidade de lideranças capazes de navegar por essas águas turbulentas com destreza e visão de futuro se torna imperativa. É nesse contexto que a filosofia Lean, com suas raízes profundas na eficiência, na melhoria contínua e na maximização do valor, surge não apenas como uma metodologia de gestão, mas como um pilar fundamental para o desenvolvimento de líderes eficazes.

Este livro, "Liderança Lean: Caminhos para a Excelência no Ambiente de Negócios", é mais do que um manual sobre técnicas de gestão; é um convite à transformação pessoal e organizacional. Aqui, buscamos desvendar como a filosofia Lean pode moldar líderes capazes de criar ambientes de trabalho dinâmicos, inovadores e, acima de tudo, humanizados.

Ao longo deste livro, você será guiado por uma jornada que começa com a compreensão da essência da filosofia Lean, passando pela formação e desenvolvimento de líderes que possam aplicar estes princípios de maneira efetiva. Exploraremos como a liderança servidora se alinha harmoniosamente com os princípios Lean, criando um ecossistema onde cada membro da equipe se sente valorizado e parte integrante do processo de melhoria contínua.

Você também descobrirá como cultivar uma cultura organizacional que respire os princípios Lean, fomentando um ambiente onde a inovação não é apenas bem-vinda, mas encorajada e celebrada. Além disso, abordaremos ferramentas práticas Lean que podem ser adotadas por líderes para otimizar processos, estimular a produtividade e manter o foco na entrega de valor.

Este não é um livro apenas sobre teorias; ele está recheado de estudos de caso, exemplos reais, e dicas práticas que visam não só inspirar, mas também oferecer um caminho claro para aplicação dos conceitos discutidos. É um convite para que você, como líder ou aspirante a líder, possa refletir sobre suas práticas atuais e ser inspirado a adotar uma abordagem Lean em sua jornada de liderança.

Ao virar cada página, encorajo você a refletir sobre como pode aplicar esses ensinamentos em sua realidade específica, não apenas para se tornar um líder melhor, mas para criar um impacto positivo duradouro em sua organização e na vida das pessoas que a compõem.

Com este livro em mãos, você está prestes a embarcar em uma jornada transformadora. Seja bem-vindo ao mundo da Liderança Lean, onde cada passo dado é um passo em direção à excelência empresarial.

Boa leitura e uma jornada inspiradora!

Herbert Souza

Curitiba, Dezembro de 2024

Prólogo

Na aurora do século XXI, o panorama empresarial global passa por uma metamorfose sem precedentes. As mudanças aceleradas, impulsionadas pela inovação tecnológica e alterações sociais, criam um cenário onde a flexibilidade e agilidade se tornam não apenas vantagens competitivas, mas requisitos de sobrevivência. Neste contexto vibrante e desafiador, emerge a filosofia Lean, não apenas como uma metodologia, mas como uma bússola para a liderança eficaz no novo milênio.

Este livro não é apenas sobre Lean como um conjunto de ferramentas ou técnicas de gestão; é sobre a transformação da essência da liderança. "Liderança Lean: Caminhos para a Excelência no Ambiente de Negócios" é uma obra que visa esclarecer, inspirar e capacitar. Ela propõe uma viagem ao coração da liderança Lean, explorando como esta filosofia pode ser incorporada não apenas em processos e sistemas, mas, mais crucialmente, na forma como lideramos pessoas e conduzimos negócios.

A jornada que você está prestes a iniciar com este livro não é linear. Ela é cíclica, reflexiva e profundamente enraizada na realidade prática das organizações. Aqui, você encontrará um diálogo contínuo entre teoria e prática, entre estratégia e ação cotidiana. Cada capítulo foi desenhado não apenas para fornecer conhecimento, mas para provocar reflexão e inspirar ação.

Nas páginas que se seguem, desvendaremos as nuances da liderança Lean, desde suas raízes históricas até sua aplicação no dinâmico mundo dos negócios de hoje. Exploraremos os princípios fundamentais do Lean e como eles podem ser aplicados para moldar líderes mais eficazes, resilientes e empáticos. Discutiremos como esses líderes podem criar culturas organizacionais vibrantes, focadas na melhoria contínua e na maximização do valor para todas as partes interessadas.

Além disso, abordaremos as ferramentas e técnicas Lean essenciais, demonstrando como elas se encaixam no arsenal de um líder eficaz. E, ao longo do caminho, compartilharemos histórias reais, estudos de caso e insights práticos que ilustram como a liderança Lean está sendo aplicada com sucesso em diversas organizações ao redor do mundo.

Este livro é, acima de tudo, um convite. Um convite para explorar um novo paradigma de liderança, para repensar e remodelar suas práticas e abordagens de liderança. É um convite para se juntar a uma comunidade crescente de líderes visionários que estão redefinindo o que significa liderar com sucesso na era moderna.

Prepare-se para uma jornada transformadora. Que as lições e insights contidos neste livro iluminem o seu caminho e o inspirem a liderar com sabedoria, paixão e um espírito Lean.

Seja bem-vindo ao mundo da Liderança Lean.

Sumário

15

17

Introdução

Bem-vindo à Jornada Lean

Adentrar o mundo da Liderança Lean é embarcar em uma jornada de transformação contínua, não apenas nos negócios, mas na essência da liderança em si. Esta viagem, repleta de aprendizados e descobertas, requer mais do que a simples adoção de ferramentas ou técnicas; demanda uma mudança fundamental na forma como entendemos e praticamos a liderança em um ambiente empresarial.

A Essência da Jornada Lean

A jornada Lean é caracterizada por uma busca incansável pela eficiência, mas sua essência vai muito além da simples redução de desperdícios. Ela engloba uma filosofia abrangente que toca todos os aspectos da gestão - desde a tomada de decisões estratégica até as interações cotidianas com as equipes. Neste percurso, cada passo é guiado por princípios fundamentais como valorização do cliente, melhoria contínua e respeito pelas pessoas.

Transformação Cultural e Operacional

Adotar a Liderança Lean não significa apenas alterar processos e sistemas; significa cultivar uma cultura organizacional onde cada membro se sente responsável e engajado na missão de criar valor e eliminar desperdícios. Esta transformação cultural é tão crucial quanto as mudanças operacionais. Líderes Lean são catalisadores desta mudança, inspirando e guiando suas equipes na adoção destes novos paradigmas.

O Desafio do Aprendizado Contínuo

A jornada Lean é também uma jornada de aprendizado contínuo. Em um ambiente onde a melhoria contínua é um objetivo perene, líderes e equipes estão sempre aprendendo, experimentando e ajustando. Este percurso é marcado por tentativas, erros e sucessos, e cada experiência é uma oportunidade de crescimento e aprimoramento.

A Importância da Visão Holística

Para navegar com sucesso nesta jornada, é essencial adotar uma visão holística. Isso implica entender a Liderança Lean não apenas como um conjunto de práticas de negócios, mas como uma filosofia que permeia todos os aspectos da organização. Esta visão holística é fundamental para alinhar as iniciativas Lean com os objetivos estratégicos da empresa, garantindo que cada ação contribua para a visão maior.

Preparação para a Mudança

À medida que você avança nesta jornada Lean, prepare-se para enfrentar e superar desafios. A transição para uma abordagem Lean não é sempre linear ou fácil. Envolve mudanças de mentalidades, quebra de paradigmas tradicionais e, muitas vezes, enfrentamento de resistências internas. No entanto, os benefícios dessa transformação - maior eficiência, melhor qualidade, aumento da satisfação do cliente e engajamento dos funcionários - são profundos e duradouros.

Ao embarcar nesta jornada Lean, você está se comprometendo com uma busca contínua pela excelência. Está se dispondo a ser um líder que não apenas dirige, mas inspira; um líder que não se contenta com o status quo, mas está sempre buscando maneiras de melhorar. Bem-vindo à jornada Lean - um caminho de aprendizado, crescimento e liderança transformadora.

Capítulo 1 A Essência da Filosofia Lean

Bem-vindo ao Capítulo 1, "A Essência da Filosofia Lean". Neste capítulo, você será guiado por uma jornada reveladora, explorando os fundamentos e a evolução da filosofia Lean. Desde suas raízes no Sistema Toyota de Produção até suas aplicações contemporâneas em diversos setores, vamos desvendar o cerne desta abordagem transformadora.

A filosofia Lean é mais do que um conjunto de ferramentas ou técnicas de gestão; é uma mentalidade, uma maneira de pensar e agir nas organizações. É sobre criar mais valor para os clientes com menos recursos, através da contínua identificação e eliminação de desperdícios em todos os processos. Esta filosofia tem moldado empresas de sucesso mundial, permitindo-lhes atingir níveis extraordinários de eficiência, flexibilidade e qualidade.

Ao longo deste capítulo, vamos mergulhar nos cinco princípios fundamentais do Lean – identificar valor, mapear o fluxo de valor, criar fluxo, estabelecer um sistema pull e buscar a perfeição. Esses princípios, quando bem compreendidos e aplicados, podem ser a chave para transformar qualquer organização, possibilitando que ela responda mais rapidamente às demandas do cliente, aumente a eficiência e reduza desperdícios.

Além disso, exploraremos como a filosofia Lean transcende os limites da manufatura, mostrando sua relevância e adaptabilidade em vários outros setores, como saúde, finanças, educação e tecnologia da informação. Através de estudos de caso e exemplos práticos, demonstraremos como os princípios Lean podem ser aplicados em contextos diversos, oferecendo insights valiosos para qualquer líder ou profissional que busca excelência operacional e inovação.

Finalmente, este capítulo também se dedica a desmistificar alguns dos mitos mais comuns sobre o Lean, esclarecendo mal-entendidos e reafirmando o verdadeiro propósito e alcance desta abordagem poderosa.

Ao fim deste capítulo, você terá uma compreensão clara e aprofundada da essência do Lean, equipado para começar a implementar seus princípios e práticas na sua organização, independentemente do seu tamanho ou setor. Prepare-se para uma viagem transformadora rumo à excelência empresarial através da filosofia Lean.

1.1 Raízes e Evolução do Lean

Origens no Japão Pós-Guerra

A história do Lean começa no Japão do pós-guerra, uma época de recursos escassos e desafios econômicos significativos. Foi neste cenário que o Sistema Toyota de Produção (TPS), o precursor do Lean, foi desenvolvido. Kiichiro Toyoda, fundador da Toyota Motor Corporation, e seu engenheiro-chefe, Taiichi Ohno, enfrentaram a necessidade de maximizar a eficiência e minimizar os desperdícios para sobreviver no mercado automotivo competitivo. Eles se inspiraram em práticas de produção observadas nos Estados Unidos, especialmente nas linhas de montagem da Ford e nos métodos de gestão de estoques dos supermercados.

A Criação do Sistema Toyota de Produção

O Sistema Toyota de Produção emergiu como uma resposta inovadora a esses desafios. Suas principais inovações incluíam o Just-In-Time (JIT), que visava a produção eficiente e a redução de estoques, e o Jidoka, que enfatizava a qualidade e o empoderamento dos trabalhadores para interromper a produção em caso de detecção de problemas. Essas inovações não apenas melhoraram a eficiência operacional, mas também elevaram a qualidade dos produtos Toyota.

A Expansão Global e Adaptação do Lean

Na década de 1980, a filosofia Lean começou a se espalhar globalmente, principalmente após a publicação do livro "A Máquina que Mudou o Mundo" por James Womack, Daniel Jones e Daniel Roos. Este livro apresentou o termo "Lean" para descrever o sistema eficiente observado na Toyota e em outras empresas japonesas. Empresas de todo o mundo, atraídas pelos resultados notáveis da Toyota, começaram a adotar e adaptar esses princípios.

Evolução e Diversificação

Ao longo dos anos, a filosofia Lean evoluiu além da manufatura automotiva. Ela foi adaptada para outras indústrias, incluindo saúde, software, construção e serviços. Esta diversificação demonstrou a versatilidade do Lean, com organizações de todos os tipos encontrando maneiras de aplicar seus princípios para melhorar a eficiência, a qualidade e a satisfação do cliente.

Lean no Século XXI

No século XXI, o Lean continua a evoluir, integrando novas tecnologias e metodologias. Técnicas como Lean Six Sigma e Agile combinam princípios Lean com outras práticas de gestão para abordar desafios complexos em ambientes de negócios cada vez mais dinâmicos. Além disso, a crescente ênfase na sustentabilidade e responsabilidade social corporativa também encontrou um aliado nos princípios Lean, com sua ênfase na eficiência e redução de desperdício.

Este panorama histórico não apenas fornece uma base sólida para entender a filosofia Lean, mas também ilustra sua relevância contínua e adaptabilidade em um mundo empresarial que está em constante mudança. Ao compreender suas raízes e evolução, líderes e profissionais podem aplicar com mais eficácia os princípios Lean em suas próprias organizações, independentemente do setor ou do tamanho.

1.2 Principais Fundamentos do Lean

Valor na Perspectiva do Cliente

O Lean se concentra em entregar valor conforme definido pelo cliente. Isso significa entender profundamente as necessidades e expectativas do cliente e garantir que cada processo, produto ou serviço esteja alinhado para satisfazê-las. A ideia é que valor é tudo aquilo pelo qual o cliente está disposto a pagar, e o objetivo do Lean é maximizar esse valor, eliminando o que não agrega valor - os desperdícios.

Identificação e Eliminação de Desperdícios (Muda)

A eliminação de desperdícios, ou "Muda" em japonês, é um pilar central do Lean. Desperdícios referem-se a qualquer atividade que consome recursos mas não cria valor para o cliente. Tradicionalmente, são identificados sete tipos de desperdícios: superprodução, tempo de espera, transporte, excesso de processamento, inventário, movimentos e defeitos. A filosofia Lean busca incessantemente identificar e eliminar esses desperdícios para melhorar a eficiência e eficácia.

Melhoria Contínua (Kaizen)

Kaizen, ou melhoria contínua, é outro elemento fundamental do Lean. Trata-se de uma abordagem onde aperfeiçoamentos são feitos constantemente em pequenos passos. A ideia é que a melhoria contínua leva a grandes mudanças ao longo do tempo. No Lean, todos na organização são encorajados a contribuir com ideias para melhorar os processos, produtos e serviços.

Fluxo de Valor e Eficiência do Processo

A análise do fluxo de valor é usada para mapear e analisar o fluxo de materiais e informações necessárias para trazer um produto ou serviço ao cliente. O objetivo é identificar e remover obstáculos ao fluxo suave, o que reduz os tempos de ciclo e melhora a eficiência. Isso inclui a implementação de sistemas pull (puxados) em vez de push (empurrados), onde a produção é baseada na demanda real do cliente, evitando a superprodução.

Padronização e Qualidade

Padronização é essencial no Lean para garantir a qualidade e a eficiência. Processos padronizados são mais fáceis de entender, ensinar e melhorar. Além disso, a padronização ajuda na identificação de desvios que podem levar a defeitos, permitindo uma resposta rápida para evitar maiores problemas.

Respeito pelas Pessoas

Um aspecto muitas vezes subestimado, mas crucial, do Lean é o respeito pelas pessoas. Isso envolve ouvir os colaboradores que estão mais próximos dos processos e valorizar suas ideias e contribuições. Ao empoderar os funcionários, as organizações não apenas melhoram a moral e a satisfação no trabalho, mas também se beneficiam de uma variedade de perspectivas e experiências.

Visual Management e Transparência

A gestão visual é uma ferramenta Lean para tornar as informações acessíveis e compreensíveis à primeira vista. Quadros de KPIs, indicadores de status e outras ferramentas visuais são usados para comunicar informações críticas de forma rápida e eficaz, permitindo que as equipes identifiquem e resolvam problemas rapidamente.

Ao compreender e aplicar estes fundamentos, as organizações podem realizar uma transformação Lean eficaz, levando a melhorias significativas em eficiência, qualidade e satisfação do cliente. Estes princípios não são apenas estratégias de negócios, mas refletem uma mudança cultural profunda que coloca o valor ao cliente e a melhoria contínua no centro de tudo.

1.3 Vantagens Competitivas e Aplicabilidade do Lean

Aumento da Eficiência Operacional

Uma das principais vantagens do Lean é o aumento significativo da eficiência operacional. Ao eliminar desperdícios e otimizar processos, as empresas podem realizar mais com menos, reduzindo custos e aumentando a produtividade. Isso inclui diminuir os tempos de ciclo, minimizar estoques desnecessários e melhorar o fluxo de trabalho, o que resulta em uma operação mais enxuta e ágil.

Melhoria da Qualidade do Produto ou Serviço

A adoção da filosofia Lean conduz a uma melhoria contínua na qualidade dos produtos ou serviços oferecidos. Com processos mais padronizados e um foco na prevenção de defeitos, as empresas conseguem reduzir significativamente os erros e aumentar a satisfação do cliente. Isso não apenas melhora a reputação da marca, mas também pode levar a uma maior fidelidade do cliente.

Resposta Rápida às Mudanças do Mercado

Em um ambiente de negócios dinâmico, a capacidade de responder rapidamente às mudanças do mercado é crucial. O Lean, com sua ênfase na flexibilidade e na melhoria contínua, permite que as organizações se adaptem rapidamente a novas demandas ou condições de mercado. Isso é especialmente valioso em setores altamente competitivos ou em mercados que estão em constante evolução.

Redução de Custos

A eliminação de desperdícios e a otimização de processos resultam em uma redução significativa de custos. Isso inclui custos diretos, como materiais e mão de obra, e custos indiretos, como armazenamento e transporte. Ao reduzir esses custos, as empresas podem melhorar suas margens de lucro ou passar as economias para os clientes através de preços mais competitivos.

Engajamento e Empoderamento dos Colaboradores

O Lean promove uma cultura de engajamento e empoderamento dos colaboradores. Ao incentivar a participação ativa de todos na identificação e solução de problemas, as organizações promovem um ambiente de trabalho mais colaborativo e motivador. Isso não apenas aumenta a satisfação dos funcionários, mas também leva a melhorias contínuas e inovação a partir da base.

Flexibilidade e Escalabilidade

A filosofia Lean é flexível e escalável, o que significa que pode ser adaptada e aplicada em diferentes tamanhos de empresas e em diversos setores, desde a manufatura até serviços e saúde. Isso torna o Lean uma ferramenta valiosa para empresas que buscam crescer ou se adaptar sem aumentar proporcionalmente seus custos operacionais.

Sustentabilidade e Responsabilidade Social

Adotar práticas Lean também contribui para a sustentabilidade e responsabilidade social corporativa. Ao minimizar desperdícios e otimizar o uso de recursos, as empresas não apenas reduzem seu impacto ambiental, mas também promovem uma imagem de responsabilidade e consciência social.

Aplicabilidade em Diversos Setores

O Lean, originalmente desenvolvido na indústria automobilística, tem se mostrado eficaz em uma variedade de setores. Na saúde, por exemplo, tem ajudado hospitais a melhorar a eficiência dos cuidados ao paciente, reduzindo tempos de espera e erros. No setor de serviços, empresas têm utilizado o Lean para melhorar a eficiência operacional e a experiência do cliente. Até mesmo em ambientes de escritório e no setor de tecnologia, os princípios Lean têm sido aplicados para otimizar processos e melhorar a entrega de projetos.

Em resumo, as vantagens competitivas e a ampla aplicabilidade do Lean tornam-no uma abordagem poderosa para qualquer organização que busque excelência operacional, qualidade superior e uma maior satisfação do cliente. Ao integrar os princípios Lean em sua cultura e operações, as empresas podem alcançar não apenas melhorias de curto prazo, mas também um sucesso sustentável a longo prazo.

1.4 Lean Além da Manufatura

A filosofia Lean, embora tenha suas raízes na manufatura, é uma metodologia versátil que transcendeu os limites do chão de fábrica para impactar diversos outros setores. Este segmento do capítulo explora como os princípios Lean se adaptaram e evoluíram para se encaixarem em diferentes contextos fora do ambiente de manufatura.

Lean no Setor de Serviços

No setor de serviços, o Lean se concentra na melhoria do fluxo de processos e na eliminação de atividades que não agregam valor ao cliente. Isso pode incluir reduzir tempos de espera, otimizar fluxos de trabalho digitais, e aprimorar a experiência do cliente. Empresas de serviços financeiros, por exemplo, têm aplicado Lean para melhorar a eficiência operacional e a qualidade do atendimento ao cliente.

Lean na Saúde

O Lean na saúde tem como objetivo aumentar a eficiência e a qualidade do cuidado ao paciente, minimizando desperdícios e melhorando processos. Hospitais e clínicas têm implementado Lean para reduzir tempos de espera, melhorar o fluxo de pacientes, e aumentar a segurança e a satisfação do paciente. Isso muitas vezes envolve não apenas mudanças operacionais, mas também uma transformação cultural dentro da organização.

Lean na Educação

Escolas e instituições de ensino têm adotado Lean para melhorar processos administrativos e acadêmicos. Isso pode incluir a simplificação de processos de matrícula, a otimização de horários de aulas, e a melhoria da entrega de conteúdo educacional. O foco é em criar um ambiente de aprendizado mais eficiente e eficaz para alunos e professores.

Lean em Tecnologia da Informação (TI)

No setor de TI, Lean é usado para melhorar processos de desenvolvimento e operações. Práticas como a integração contínua e a entrega contínua (CI/CD) são exemplos de aplicação dos princípios Lean para acelerar o desenvolvimento de software e melhorar a qualidade. O Lean em TI também enfatiza a importância de uma cultura de feedback contínuo e melhoria iterativa.

Lean no Governo e Setor Público

Governos e entidades públicas têm aplicado Lean para melhorar a eficiência e eficácia dos serviços públicos. Isso pode incluir a otimização de processos de licenciamento, a melhoria da gestão de recursos, e a implementação de sistemas mais eficientes para atendimento ao público. O objetivo é oferecer serviços públicos de alta qualidade com eficiência de custos.

Lean e Sustentabilidade

O Lean também tem sido aplicado no contexto da sustentabilidade. Empresas estão utilizando os princípios Lean para reduzir desperdícios, melhorar a eficiência energética, e minimizar o impacto ambiental. Isso envolve não apenas mudanças nos processos produtivos, mas também na forma como os produtos são projetados e no ciclo de vida do produto.

Desafios e Oportunidades

Aplicar Lean fora do ambiente de manufatura apresenta desafios únicos, principalmente relacionados à adaptação dos princípios Lean para contextos que podem ser menos tangíveis e mais orientados a serviços. No entanto, as oportunidades para melhorias significativas em eficiência, qualidade e satisfação do cliente são imensas. O sucesso do Lean em ambientes não manufatureiros demonstra sua flexibilidade e relevância em um mundo empresarial cada vez mais diversificado e orientado a serviços.

1.5 Desmitificando Mitos sobre o Lean

Apesar de sua ampla adoção e sucesso comprovado em diversos setores, a filosofia Lean ainda é cercada por equívocos e mitos que podem prejudicar sua compreensão e implementação efetiva. Nesta seção, desvendaremos alguns desses mitos, esclarecendo o que o Lean realmente representa e como ele pode ser eficazmente aplicado em diferentes contextos.

Mito 1: Lean é Apenas para a Manufatura

Este é talvez o mito mais comum. Como discutido anteriormente, embora o Lean tenha origem na manufatura, seus princípios são universalmente aplicáveis. O foco na criação de valor, eliminação de desperdícios e melhoria contínua é relevante em qualquer setor, desde serviços até educação e saúde.

Mito 2: Lean é Sinônimo de Cortes de Custos

Muitas vezes, o Lean é mal interpretado como uma estratégia para redução de custos através de cortes drásticos. Embora a eficiência de custos seja uma consequência, o verdadeiro objetivo do Lean é agregar valor ao cliente. Isso é alcançado não apenas reduzindo custos, mas melhorando a qualidade, eficiência e resposta às necessidades do cliente.

Mito 3: Lean Compromete a Qualidade

Algumas pessoas acreditam que a busca por eficiência do Lean pode comprometer a qualidade. Na realidade, o Lean coloca um grande ênfase na qualidade, pois desperdícios e ineficiências são frequentemente fontes de erros e defeitos. A melhoria contínua e a padronização de processos, princípios fundamentais do Lean, são projetadas para aumentar e não diminuir a qualidade.

Mito 4: Implementação do Lean é Rápida e Fácil

A implementação do Lean é um processo que exige tempo, comprometimento e uma mudança cultural substancial. Muitas organizações falham em suas iniciativas Lean por subestimarem o esforço e a persistência necessários. Uma verdadeira transformação Lean envolve mais do que a adoção de ferramentas; ela requer um compromisso de longo prazo com a melhoria contínua.

Mito 5: Lean Elimina Empregos

Outro equívoco comum é que o Lean visa reduzir a força de trabalho. Na verdade, o Lean foca em eliminar atividades que não agregam valor, não em cortar empregos. Ao melhorar processos e eficiência, o Lean pode na verdade levar a um ambiente de trabalho mais satisfatório e engajado, onde os colaboradores podem se concentrar em tarefas mais significativas e criativas.

Mito 6: Lean é um Conjunto Fixo de Ferramentas

Embora o Lean ofereça diversas ferramentas, como 5S, Kaizen e Kanban, pensar no Lean apenas como um conjunto de ferramentas é limitante. O Lean é uma filosofia abrangente que envolve uma mentalidade de melhoria contínua e foco no cliente. As ferramentas são importantes, mas devem ser vistas como meios para alcançar os objetivos maiores do Lean.

Capítulo 2 O Perfil do Líder Lean Eficaz

Neste capítulo, mergulhamos no coração da Liderança Lean, explorando as qualidades essenciais que definem um líder eficaz nesta abordagem. A liderança Lean transcende a mera aplicação de ferramentas e técnicas; ela incorpora uma filosofia que permeia todos os aspectos da gestão e interação com as equipes. Aqui, vamos desvendar as características distintas que um líder deve possuir e desenvolver para fomentar um ambiente de trabalho Lean genuíno e produtivo.

Primeiramente, investigamos a combinação única de habilidades interpessoais e técnicas que um líder Lean deve possuir. Isso inclui a capacidade de ser um comunicador eficaz, promovendo uma comunicação aberta e transparente que é fundamental para a cultura Lean. Além disso, a habilidade de liderar pelo exemplo, demonstrando um compromisso contínuo com a melhoria contínua, é crucial. Essa liderança pelo exemplo inspira a equipe e fomenta uma cultura de responsabilidade e propriedade compartilhada dos processos e resultados.

Em seguida, abordaremos o papel do líder Lean na construção e no suporte a equipes autônomas e engajadas. Este aspecto inclui a delegação efetiva, o encorajamento à tomada de decisões baseadas em dados e a capacitação das equipes para que identifiquem e implementem melhorias por conta própria. O líder Lean eficaz é um facilitador e um mentor, não apenas um tomador de decisões.

Também discutiremos a importância da visão estratégica no contexto Lean. Um líder Lean eficaz não se perde nos detalhes operacionais, mas mantém uma visão clara do panorama geral e do direcionamento estratégico da organização. Esta visão ajuda a alinhar as iniciativas Lean com os objetivos de longo prazo da empresa, garantindo que as atividades de melhoria contínua contribuam significativamente para o sucesso organizacional.

Além disso, este capítulo explora como um líder Lean eficaz aborda os desafios, incluindo a resistência às mudanças, a gestão de conflitos e a manutenção do ímpeto em direção à melhoria contínua. Seremos orientados por exemplos reais e estudos de caso que ilustram como líderes Lean eficazes enfrentam e superam esses obstáculos.

Por fim, o capítulo conclui com estratégias práticas para o desenvolvimento pessoal e profissional contínuo do líder Lean. Isso inclui a aprendizagem contínua, a reflexão e a capacidade de se adaptar e evoluir em um ambiente empresarial que está sempre mudando.

Este capítulo é essencial para qualquer pessoa que aspira a ser um líder Lean ou que deseja aprimorar suas habilidades de liderança dentro dessa filosofia transformadora. Ao compreender e incorporar estas qualidades, os líderes estarão equipados para guiar suas equipes e organizações rumo a uma eficiência extraordinária, um engajamento profundo e resultados excepcionais.

2.1 Características Intrínsecas do Líder Lean

A liderança Lean é singular em sua abordagem e execução. Ela vai além das habilidades técnicas ou gerenciais convencionais, imergindo em um conjunto de características intrínsecas que definem a eficácia de um líder Lean. Estas características não são apenas essenciais para a implementação dos princípios Lean, mas também são cruciais para cultivar um ambiente de melhoria contínua. Vamos explorar detalhadamente essas características.

1. Visão Sistêmica e Pensamento Holístico

Compreensão do Fluxo de Valor: Líderes Lean eficazes possuem uma compreensão clara do fluxo de valor em sua organização. Eles veem além das tarefas e processos individuais, entendendo como cada elemento se interconecta e impacta o sistema como um todo.

Foco na Big Picture: Esses líderes mantêm o foco na "big picture", garantindo que as decisões e ações estejam alinhadas com os objetivos estratégicos da organização.

2. Flexibilidade e Adaptabilidade

Resiliência a Mudanças: O mundo empresarial é dinâmico, e líderes Lean devem ser capazes de se adaptar rapidamente a mudanças. Eles abraçam a incerteza e são proficientes em ajustar estratégias quando necessário.

Inovação Contínua: Eles promovem uma cultura de inovação contínua, onde experimentação e aprendizado são encorajados.

3. Orientação para a Resolução de Problemas

Mentalidade de Solucionador de Problemas: Líderes Lean são solucionadores de problemas natos. Eles usam técnicas como "5 Porquês" e "Análise de Causa Raiz" para identificar e resolver problemas de forma sistemática.

Empoderamento da Equipe: Eles empoderam suas equipes para identificar e resolver problemas, promovendo a autonomia e o desenvolvimento de habilidades de resolução de problemas em todos os níveis.

4. Humildade e Aprendizado Contínuo

Aprendizado e Crescimento Contínuos: Líderes Lean reconhecem que sempre há espaço para crescimento e aprendizado. Eles se mantêm humildes e abertos a novas ideias e abordagens.

Mentoria e Desenvolvimento de Outros: Eles atuam como mentores, investindo tempo no desenvolvimento de suas equipes e encorajando o aprendizado contínuo.

5. Liderança Servidora e Empatia

Abordagem de Liderança Servidora: Estes líderes adotam uma abordagem de liderança servidora, colocando as necessidades de suas equipes em primeiro lugar e ajudando-os a alcançar seus objetivos.

Empatia e Relacionamento: Eles demonstram empatia, criando relações sólidas e de confiança, essenciais para a construção de uma equipe coesa e engajada.

As características intrínsecas de um líder Lean são fundamentais para o sucesso na implementação e sustentação de uma cultura Lean. Estas qualidades não apenas refletem uma compreensão profunda dos princípios Lean, mas também destacam uma abordagem humana e holística à liderança. Líderes com essas características são capazes de inspirar suas equipes, promover mudanças positivas e conduzir suas organizações em direção à excelência operacional e inovação contínua.

2.2 Habilidades Interpessoais e Comunicação na Liderança Lean

A eficácia de um líder Lean depende fortemente de suas habilidades interpessoais e capacidades de comunicação. Estas habilidades são cruciais para inspirar equipes, promover a cultura Lean e facilitar a colaboração e a melhoria contínua. Vamos explorar com mais detalhes essas habilidades e sua importância no contexto da liderança Lean.

1. Comunicação Clara e Eficaz

Articulação da Visão Lean: Líderes Lean precisam comunicar a visão e os objetivos Lean de maneira clara e convincente. Isso envolve explicar não apenas o 'o quê', mas também o 'porquê', para garantir que todos na organização entendam e estejam alinhados com esses objetivos.

Feedback Construtivo e Regular: A comunicação eficaz também envolve fornecer feedback construtivo e regular. Isso ajuda os membros da equipe a entender onde podem melhorar e como suas ações contribuem para os objetivos mais amplos.

2. Escuta Ativa e Empática

Valorização das Perspectivas da Equipe: Líderes Lean devem ser excelentes ouvintes, mostrando genuíno interesse pelas ideias e preocupações de sua equipe. Isso inclui encorajar a participação e dar espaço para que todos expressem suas opiniões.

Empatia nas Interações: A capacidade de entender e compartilhar os sentimentos dos outros é vital. Líderes Lean usam a empatia para construir confiança e criar um ambiente onde os membros da equipe se sentem valorizados e respeitados.

3. Comunicação Não-Verbal e Presença

Linguagem Corporal e Presença: Além das palavras, a comunicação não-verbal — como a linguagem corporal, o contato visual e o tom de voz — desempenha um papel significativo na eficácia da comunicação. Líderes Lean são conscientes de sua presença e utilizam a comunicação não-verbal para reforçar suas mensagens.

Modelagem do Comportamento Desejado: Através da própria conduta, líderes Lean demonstram os comportamentos e atitudes que esperam ver em suas equipes.

4. Facilitação de Diálogos e Colaboração

Promoção de Ambientes Colaborativos: Um líder Lean eficaz facilita a colaboração e o diálogo aberto dentro da equipe. Isso envolve criar espaços seguros para discussões, encorajando a diversidade de pensamentos e a co-criação de soluções.

Resolução de Conflitos: Habilidade em mediar e resolver conflitos é essencial. Líderes Lean agem de maneira justa e imparcial, buscando soluções que atendam aos interesses da equipe e da organização.

5. Transmitindo a Cultura Lean

Reforçando Princípios Lean: A comunicação constante e consistente dos princípios Lean ajuda a reforçar a cultura Lean na organização. Isso inclui celebrar sucessos e aprender com falhas, mantendo sempre o foco na melhoria contínua.

Habilidades interpessoais e de comunicação são essenciais para a liderança Lean eficaz. Líderes que dominam essas habilidades são capazes de criar um ambiente de trabalho positivo e produtivo, onde a confiança, o respeito mútuo e a cooperação são a norma. Estas habilidades permitem que líderes Lean não apenas implementem a metodologia Lean com sucesso, mas também inspirem e motivem suas equipes a alcançar novos patamares de excelência.

2.3 Promovendo a Cultura de Melhoria Contínua na Liderança Lean

A cultura de melhoria contínua é um pilar central na filosofia Lean. Esta cultura não é apenas sobre a implementação de ferramentas e processos; trata-se de incutir uma mentalidade que valoriza e busca constantemente aprimoramentos, grandes ou pequenos. Um líder Lean eficaz desempenha um papel crucial na promoção desta cultura. Vamos detalhar como um líder pode fomentar e sustentar esta mentalidade dentro de sua organização.

1. Estabelecendo a Mentalidade de Melhoria Contínua

Modelagem de Comportamento: Líderes Lean devem ser os primeiros a demonstrar a mentalidade de melhoria contínua. Isso envolve mostrar uma abertura para mudanças, uma disposição para questionar e repensar processos existentes e um compromisso com o aprendizado contínuo.

Comunicação Consistente: É crucial comunicar regularmente a importância da melhoria contínua. Isso pode ser feito através de reuniões, boletins informativos, workshops e outras plataformas de comunicação interna.

2. Empoderamento e Envolvimento da Equipe

Delegação e Empoderamento: Dar aos membros da equipe a responsabilidade e a autoridade para identificar e implementar melhorias é essencial. Isso não apenas aumenta o engajamento, mas também incentiva a inovação e a criatividade.

Criação de Times de Melhoria: Formar equipes dedicadas à melhoria contínua pode ser uma estratégia eficaz. Esses grupos podem trabalhar em projetos específicos, compartilhando suas descobertas e sucessos com o resto da organização.

3. Treinamento e Desenvolvimento

Programas de Capacitação: Oferecer treinamento e recursos educacionais relacionados à melhoria contínua e às práticas Lean ajuda a desenvolver as habilidades necessárias em toda a organização.

Aprendizado a Partir de Erros: Encorajar uma cultura onde erros são vistos como oportunidades de aprendizado é vital. Isso ajuda a eliminar o medo de falhar e promove uma atmosfera de experimentação e inovação.

4. Sistemas de Reconhecimento e Recompensa

Reconhecimento de Esforços e Sucessos: Implementar sistemas de reconhecimento e recompensa que valorizem as contribuições individuais e de equipe para a melhoria contínua pode ser muito motivador.

Compartilhamento de Sucessos: Compartilhar histórias de sucesso e estudos de caso dentro da organização serve como um poderoso incentivo para outros seguirem o exemplo.

5. Fornecendo Recursos e Suporte

Alocação de Recursos: Garantir que as equipes tenham os recursos necessários, como tempo, ferramentas e financiamento, para implementar melhorias é fundamental.

Suporte Contínuo da Liderança: Oferecer suporte contínuo, seja na forma de orientação, coaching ou removendo barreiras organizacionais, é crucial para manter a dinâmica da melhoria contínua.

Promover uma cultura de melhoria contínua é um processo dinâmico e contínuo que requer dedicação e comprometimento de longo prazo. Um líder Lean eficaz não apenas inicia esse processo, mas também oferece a orientação, o suporte e os recursos necessários para mantê-lo. Ao incutir esta mentalidade em todos os níveis da organização, o líder Lean pode transformar a forma como o trabalho é realizado, levando a ganhos significativos em eficiência, eficácia e satisfação do funcionário.

2.4 Desenvolvimento de Equipes Autônomas e Engajadas na Liderança Lean

A criação de equipes autônomas e engajadas é fundamental na abordagem Lean. A autonomia e o engajamento não apenas aumentam a eficiência e a produtividade, mas também contribuem para um ambiente de trabalho mais motivador e inovador. Um líder Lean tem o papel crucial de cultivar estas qualidades em suas equipes. Vamos explorar estratégias detalhadas para desenvolver equipes autônomas e engajadas dentro da filosofia Lean.

46

1. Estabelecendo a Base para a Autonomia

Definindo Expectativas Claras: Inicie definindo objetivos e expectativas claros. As equipes precisam entender o que se espera delas e como seu trabalho se alinha aos objetivos maiores da organização.

Fornecendo Formação e Ferramentas Adequadas: Assegure que as equipes tenham o treinamento e as ferramentas necessárias para realizar suas tarefas de maneira eficiente e autônoma.

2. Cultivando a Confiança e o Respeito

Delegação Efetiva: Delegar responsabilidades não é apenas distribuir tarefas, mas também confiar nas equipes para tomar decisões importantes. Isso requer um equilíbrio entre dar autonomia e estar disponível para suporte quando necessário.

Construção de Relacionamentos Baseados na Confiança: Estabeleça um ambiente de trabalho onde a confiança é a base. Reconheça os esforços e celebre as conquistas das equipes.

3. Promovendo a Colaboração e o Comprometimento

Incentivando a Colaboração Entre os Membros da Equipe: Promova uma cultura onde a colaboração é valorizada. Encoraje os membros da equipe a compartilhar conhecimentos e a trabalhar juntos para resolver problemas.

Criação de um Sentido de Propriedade e Comprometimento: Quando os membros da equipe se sentem proprietários de seus projetos, o comprometimento e a motivação aumentam. Incentive-os a tomar a iniciativa e a se responsabilizarem por seus resultados.

4. Desenvolvimento Contínuo e Feedback

Oferecendo Oportunidades de Crescimento: Providencie oportunidades contínuas para desenvolvimento profissional. Isso pode incluir treinamentos, workshops, ou até projetos desafiadores que estimulem o crescimento.

Cultura de Feedback Construtivo: Estabeleça um sistema de feedback regular, onde os membros da equipe possam receber orientações construtivas e também expressar suas opiniões e ideias.

5. Monitoramento e Ajuste

Acompanhamento do Desempenho: Monitorar o progresso das equipes é crucial. Use métricas e indicadores de desempenho para avaliar a eficácia da autonomia da equipe.

Flexibilidade para Ajustes: Esteja aberto para fazer ajustes nas estratégias conforme necessário. A autonomia das equipes é um processo evolutivo e pode precisar de refinamento contínuo.

Desenvolver equipes autônomas e engajadas é um processo contínuo que requer paciência, dedicação e uma abordagem equilibrada. Um líder Lean eficaz cria um ambiente onde a autonomia é apoiada pela confiança, colaboração, e comprometimento com a melhoria contínua. Ao investir no desenvolvimento de equipes autônomas e engajadas, os líderes Lean podem alcançar melhorias significativas na produtividade, inovação e satisfação no trabalho.

2.5 Enfrentando Desafios e Impulsionando a Inovação na Liderança Lean

A abordagem Lean não está isenta de desafios, mas é precisamente através destes obstáculos que as oportunidades para inovação e crescimento emergem. Um líder Lean eficaz deve ser capaz de identificar e enfrentar esses desafios, transformando-os em impulsores para a inovação. Este processo requer uma combinação de habilidades de resolução de problemas, adaptabilidade e visão estratégica. Vamos explorar em detalhes como enfrentar esses desafios e impulsionar a inovação.

1. Identificando e Compreendendo os Desafios

Diagnóstico Preciso: É essencial identificar corretamente os desafios enfrentados pela equipe ou organização. Isso pode envolver coleta de dados, feedback dos funcionários e análise dos processos existentes.

Entendendo a Raiz do Problema: Utilize ferramentas como o "5 Porquês" para chegar à raiz dos desafios. Compreender a causa fundamental é crucial para desenvolver soluções eficazes.

2. Cultivando uma Mentalidade de Resolução de Problemas

Fomentando o Pensamento Crítico: Encoraje a equipe a adotar uma mentalidade de resolução de problemas. Isso implica analisar situações de forma crítica e buscar soluções inovadoras.

Brainstorming e Colaboração: Realize sessões de brainstorming onde todos os membros da equipe podem contribuir com ideias e perspectivas. A colaboração é muitas vezes a chave para a inovação.

3. Adaptabilidade e Flexibilidade

Prontidão para Mudanças: O mundo dos negócios é dinâmico, e a capacidade de se adaptar rapidamente a novas informações ou condições de mercado é vital.

Experimentação e Aprendizado Rápido: Não tenha medo de experimentar novas abordagens. Encoraje a experimentação e aprenda com os resultados para melhorar continuamente.

4. Impulsionando a Inovação Através da Liderança

Liderando pelo Exemplo: Como líder, demonstre seu comprometimento com a inovação. Seja o primeiro a abraçar novas ideias e abordagens.

Incentivando a Criatividade: Crie um ambiente onde a criatividade é valorizada e onde os funcionários se sintam seguros para expressar ideias inovadoras.

5. Estabelecendo Sistemas de Suporte à Inovação

Recursos para Inovação: Assegure que sua equipe tenha os recursos necessários – seja tempo, tecnologia ou suporte financeiro – para explorar novas ideias.

Métricas e Incentivos: Estabeleça métricas claras para medir o sucesso da inovação e considere sistemas de incentivo para recompensar a criatividade e a inovação.

6. Aprendendo com os Desafios e as Falhas

Cultura de Aprendizado Contínuo: Veja os desafios e as falhas como oportunidades de aprendizado. Incentive a reflexão e a análise do que funcionou e do que não funcionou.

Documentação e Compartilhamento de Lições Aprendidas: Documente as experiências e compartilhe os aprendizados com toda a organização para evitar a repetição de erros e para disseminar o conhecimento adquirido.

Capítulo 3 Crescimento e Desenvolvimento do Lider Lean

Neste capítulo, exploraremos um aspecto crucial da filosofia Lean que frequentemente não recebe a atenção merecida: o desenvolvimento contínuo dos líderes que são a força motriz por trás de qualquer iniciativa Lean bem-sucedida. A jornada Lean não se trata apenas de processos e sistemas; ela é, em grande medida, sobre as pessoas que os lideram. Aqui, desvendaremos como os líderes Lean podem cultivar habilidades, atributos e uma mentalidade que não só aderem aos princípios Lean, mas também os impulsionam em suas equipes e organizações.

Jornada Pessoal do Líder Lean

No coração da liderança Lean está o conceito de melhoria contínua não apenas dos processos, mas também do próprio líder. Esta seção abordará a importância do autoconhecimento e do autodesenvolvimento na jornada Lean. Líderes eficazes são aqueles que compreendem suas próprias forças, fraquezas e preconceitos, e estão comprometidos com seu desenvolvimento pessoal contínuo.

Cultivando Habilidades de Liderança Lean

Liderar com sucesso em um ambiente Lean requer um conjunto único de habilidades. Esta parte do capítulo focará em habilidades específicas como a capacidade de pensar sistemicamente, a habilidade de identificar e eliminar desperdícios, e a competência para conduzir e inspirar mudanças. Além disso, abordaremos como um líder Lean deve equilibrar a acuidade estratégica com a empatia e o engajamento no nível individual.

A Importância da Resiliência e Empatia

A liderança Lean não está isenta de desafios. Líderes Lean muitas vezes enfrentam resistência e obstáculos no caminho para a transformação. Aqui, discutiremos como a resiliência e a empatia são vitais para navegar por esses desafios. Um líder Lean resiliente consegue manter o foco e o impulso, mesmo diante de contratempos, enquanto a empatia permite compreender e apoiar a equipe durante períodos de mudança.

Tomada de Decisão Baseada em Princípios Lean

Tomar decisões eficazes é uma habilidade essencial para um líder Lean. Nesta seção, exploraremos como os líderes podem utilizar o pensamento Lean para tomar decisões que não apenas resolvam problemas imediatos, mas também promovam a melhoria contínua e o valor a longo prazo. Discutiremos métodos e ferramentas que auxiliam na tomada de decisões estruturadas e alinhadas com os objetivos Lean da organização.

Desenvolvendo e Sustentando a Cultura Lean

Finalmente, abordaremos como os líderes podem desenvolver e manter uma cultura Lean dentro de suas organizações. Uma cultura Lean bem-sucedida é aquela que internaliza os princípios de melhoria contínua, respeito pelas pessoas e foco no cliente. Discutiremos estratégias para líderes Lean infundirem esses valores na cultura organizacional e garantirem que eles sejam adotados e mantidos em todos os níveis da organização.

Ao fim deste capítulo, os leitores terão uma compreensão abrangente do papel vital que os líderes desempenham na jornada Lean e de como podem se desenvolver continuamente para liderar com eficácia suas equipes e organizações nessa trajetória transformadora.

3.1. Autoconhecimento e Autodesenvolvimento

O autoconhecimento e o autodesenvolvimento são fundamentos cruciais para um líder Lean eficaz. Esses elementos permitem não apenas uma melhor compreensão de si mesmo, mas também aprimoram a capacidade de liderar outros de forma mais eficiente e empática.

Autoanálise Profunda

Identificação de Forças e Fraquezas: O primeiro passo em direção ao autoconhecimento é identificar suas forças e fraquezas. Isso envolve uma reflexão honesta e, muitas vezes, a busca de feedback de colegas, amigos e familiares. Compreender suas forças permite que você as utilize de maneira otimizada, enquanto reconhecer suas fraquezas é o primeiro passo para a melhoria.

Reconhecimento de Padrões Comportamentais: Analise seus comportamentos passados, especialmente em situações de estresse ou desafio. Isso ajuda a identificar padrões comportamentais e a forma como eles impactam sua liderança e tomada de decisão.

Desenvolvimento de Metas Pessoais

Estabelecimento de Objetivos SMART: Defina metas pessoais e profissionais utilizando o critério SMART (Específicas, Mensuráveis, Alcançáveis, Relevantes, Temporais). Essas metas devem abordar áreas como desenvolvimento de habilidades, melhoria de comportamentos e alcance de objetivos profissionais específicos.

Plano de Ação: Crie um plano de ação detalhado para atingir essas metas. Isso pode incluir atividades como cursos de formação, leitura, mentoring ou coaching.

Práticas de Reflexão e Mindfulness

Diário de Reflexão: Mantenha um diário para refletir sobre suas experiências diárias, desafios e sucessos. Isso ajuda a desenvolver uma maior autoconsciência e a entender como suas ações e decisões impactam os outros.

Mindfulness e Meditação: Práticas de mindfulness e meditação podem aprimorar a concentração, a calma e a clareza mental, auxiliando na gestão de estresse e na melhoria da tomada de decisão.

Feedback Contínuo e Aprendizado

Solicitação de Feedback: Regularmente, solicite feedback de colegas, superiores e subordinados. Isso fornece uma visão externa sobre seu estilo de liderança e áreas de melhoria.

Aprendizado Contínuo: Engaje-se em um processo de aprendizado contínuo. Participe de workshops, cursos e seminários relacionados à liderança e gestão Lean.

Desenvolvimento de Habilidades Emocionais e Sociais

Inteligência Emocional: Trabalhe no desenvolvimento de sua inteligência emocional, incluindo autoconsciência, autogestão, empatia e habilidades sociais. Isso é vital para se conectar com e liderar efetivamente sua equipe.

Treinamento e Coaching: Considere buscar treinamento ou coaching para desenvolver habilidades específicas, como comunicação, gestão de conflitos ou liderança.

O autoconhecimento e o autodesenvolvimento são processos contínuos que requerem dedicação e esforço consciente. Para um líder Lean, eles são essenciais para liderar com eficácia, adaptabilidade e empatia. Ao se engajar nessas práticas, um líder não só melhora sua capacidade de liderança, mas também se torna um modelo para sua equipe, incentivando um ambiente de crescimento e aprendizado contínuos.

3.2. Construindo Resiliência

A resiliência é uma qualidade indispensável para líderes Lean, pois enfrentarão inevitavelmente desafios e mudanças no ambiente empresarial. Desenvolver resiliência permite que os líderes mantenham a eficácia sob pressão, adaptem-se a situações adversas e se recuperem rapidamente de contratempos.

Entendendo a Resiliência

Definição: Resiliência é a capacidade de se recuperar rapidamente de dificuldades; é a tenacidade e a flexibilidade mental para enfrentar e superar obstáculos.

Importância no Contexto Lean: Em uma abordagem Lean, onde a melhoria contínua e a mudança são constantes, a resiliência é crucial para gerenciar a incerteza e impulsionar inovações.

Desenvolvimento da Resiliência Pessoal

Mentalidade de Crescimento: Adote uma mentalidade de crescimento, onde desafios são vistos como oportunidades de aprendizado e desenvolvimento, em vez de ameaças. Isso ajuda a manter a motivação e a persistência diante de obstáculos.

Gestão de Estresse e Autocuidado: Aprenda técnicas eficazes de gestão de estresse, como técnicas de relaxamento, atividade física regular e hábitos de sono saudáveis. O autocuidado é vital para manter o equilíbrio emocional e a saúde mental.

Construindo Redes de Suporte

Relacionamentos Fortes: Desenvolva e mantenha relacionamentos de suporte tanto dentro quanto fora da organização. Colegas, mentores e familiares podem oferecer suporte emocional e conselhos práticos durante períodos desafiadores.

Comunicação Aberta: Cultive uma comunicação aberta e transparente com sua equipe e colegas. Isso ajuda a criar um ambiente onde o suporte mútuo e o compartilhamento de carga são incentivados.

Enfrentando Desafios de Frente

Aprendendo com Falhas: Veja os fracassos e erros como parte do processo de aprendizado. Analise o que deu errado, tire lições e aplique-as para evitar repetições futuras.

Flexibilidade e Adaptação: Seja flexível em sua abordagem e esteja disposto a adaptar suas estratégias quando necessário. A capacidade de mudar de curso diante de novas informações ou contextos é um aspecto chave da resiliência.

Desenvolvimento Continuado

Formação e Capacitação: Engaje-se em atividades de formação que focam no desenvolvimento de resiliência, como workshops, treinamento em habilidades de resolução de problemas e gestão de conflitos.

Autoavaliação e Reflexão: Regularmente, reserve um tempo para refletir sobre suas respostas a desafios recentes. Identifique o que foi eficaz e o que pode ser melhorado.

Construir resiliência é um processo contínuo que exige consciência, prática e comprometimento. Para o líder Lean, isso não é apenas sobre resistir aos desafios, mas também sobre aprender com eles e emergir mais forte. Uma liderança resiliente inspira confiança, promove uma cultura de resiliência na equipe e é fundamental para o sucesso sustentável em uma abordagem Lean.

3.3. Empatia e Inteligência Emocional

Empatia e inteligência emocional são aspectos críticos para a eficácia de um líder Lean. Estas habilidades permitem compreender, interpretar e responder adequadamente às emoções dos outros, além de gerenciar suas próprias emoções. São essenciais para criar um ambiente de trabalho positivo, motivar a equipe e facilitar a comunicação eficaz.

Compreendendo a Empatia e a Inteligência Emocional

Definição de Empatia: Empatia é a capacidade de entender e compartilhar os sentimentos de outra pessoa. No contexto da liderança Lean, significa perceber as necessidades e preocupações da equipe e responder a elas de maneira apropriada.

Inteligência Emocional: Refere-se à habilidade de reconhecer, compreender e gerenciar as próprias emoções e as dos outros. Inclui autoconsciência, autogestão, consciência social e habilidades de relacionamento.

Desenvolvendo Empatia

Ouvir Ativamente: Pratique ouvir ativamente, dando total atenção ao que está sendo dito e mostrando interesse genuíno. Isso ajuda a entender melhor as perspectivas e sentimentos dos outros.

Perspectiva: Tente se colocar no lugar dos outros para entender suas motivações e reações. Isso ajuda a responder de maneira mais eficaz e compassiva.

Melhorando a Inteligência Emocional

Autoconsciência: Esteja ciente de suas próprias emoções e como elas afetam seus pensamentos e comportamentos. Aprenda a identificar suas emoções e as gatilhos.

Autogestão: Desenvolva a habilidade de regular suas emoções e comportamentos em diferentes situações. Isso pode incluir técnicas de relaxamento, pensamento positivo e definição de limites pessoais.

Consciência Social e Habilidades de Relacionamento

Empatia Social: Além de entender as emoções individuais, é importante perceber e responder às dinâmicas emocionais do grupo. Isso inclui reconhecer a moral da equipe e a cultura da empresa.

Comunicação Efetiva: Use suas habilidades emocionais para comunicar-se de maneira clara e empática, melhorando a relação com os membros da equipe e outros stakeholders.

Tomada de Decisão Consciente: Use a compreensão emocional para tomar decisões que considerem os sentimentos e reações dos envolvidos, mantendo alinhamento com os princípios Lean.

Resolução de Conflitos: Empregue empatia e inteligência emocional para navegar e resolver conflitos de maneira efetiva, criando soluções que sejam aceitáveis para todas as partes envolvidas.

Empatia e inteligência emocional são fundamentais para uma liderança Lean eficaz. Eles ajudam a criar uma conexão mais profunda com a equipe, fomentar um ambiente de trabalho mais harmonioso e aumentar a eficiência na resolução de problemas e na tomada de decisões. Desenvolver essas habilidades contribui significativamente para o sucesso e a sustentabilidade de iniciativas Lean na organização.

3.4. Tomadas de Decisões Baseadas em Lean

Tomar decisões baseadas nos princípios Lean é fundamental para líderes que buscam promover a eficiência, a melhoria contínua e o valor agregado nas suas organizações. Essa abordagem enfatiza a análise cuidadosa, a compreensão dos processos e o foco na geração de valor para o cliente.

Fundamentos da Tomada de Decisão Lean

Centrada no Valor: A tomada de decisão Lean sempre considera o valor para o cliente como principal critério. As decisões são avaliadas com base em como elas melhoram a entrega de valor e satisfazem as necessidades do cliente.

Baseada em Dados: Decisões Lean são fundamentadas em dados e análises, ao invés de suposições ou intuição. Isso envolve coletar e analisar informações relevantes para fazer escolhas informadas.

Processo de Tomada de Decisão

Identificação de Problemas e Oportunidades: O primeiro passo é identificar áreas que necessitam de melhorias ou onde oportunidades de inovação existem. Isso geralmente é feito através de ferramentas Lean como mapeamento do fluxo de valor.

Análise e Avaliação: Após a identificação, é realizada uma análise detalhada para entender as causas fundamentais dos problemas ou a natureza das oportunidades. Aqui, métodos como o 5 Porquês e análise SWOT são úteis.

Envolvimento da Equipe na Tomada de Decisão

Colaboração: Decisões Lean frequentemente envolvem a equipe, aproveitando a experiência e as perspectivas de diferentes membros. Isso promove o engajamento e a aceitação das decisões tomadas.

Comunicação Clara: Comunicar a lógica por trás das decisões e como elas se alinham com os princípios Lean é crucial. Isso ajuda a equipe a entender e apoiar as decisões tomadas.

Iteração e Melhoria Contínua

PDCA (Plan-Do-Check-Act): Utilize o ciclo PDCA para implementar decisões de forma iterativa. Isso permite testar soluções em pequena escala, verificar os resultados e ajustar conforme necessário.

Aprendizado Contínuo: Encare cada decisão como uma oportunidade de aprendizado. Mesmo as decisões que não produzem o resultado desejado fornecem insights valiosos para futuras decisões.

Considerações Éticas e Sustentáveis

Sustentabilidade: Decisões Lean devem considerar impactos de longo prazo, incluindo sustentabilidade ambiental, social e econômica.

Ética: As decisões devem ser tomadas com integridade, respeitando os valores da empresa e os padrões éticos.

A tomada de decisões baseadas em Lean é um processo dinâmico e colaborativo que coloca o valor para o cliente e a eficiência operacional no centro. Ao adotar uma abordagem baseada em dados, colaborativa e iterativa, líderes Lean podem fazer escolhas que não só resolvem problemas imediatos, mas também promovem uma cultura de melhoria contínua e inovação sustentável na organização.

3.5. Aprendizado Contínuo e Adaptação

O aprendizado contínuo e a capacidade de adaptação são aspectos fundamentais na jornada de um líder Lean. Estes elementos não apenas mantêm a organização à frente em um ambiente de negócios em constante mudança, mas também asseguram a evolução constante dos processos e práticas internas.

Importância do Aprendizado Contínuo no Lean

Cultura de Melhoria Contínua: No Lean, o aprendizado contínuo é parte integrante da cultura de melhoria contínua. A constante busca por conhecimento permite identificar oportunidades de otimização e inovação.

Adaptação às Mudanças do Mercado: Em um mundo empresarial que muda rapidamente, a capacidade de aprender e se adaptar é crucial. Isso permite que a organização responda de forma ágil a novas tendências, tecnologias e comportamentos de consumidores.

Estratégias para Promover o Aprendizado Contínuo

Treinamento e Desenvolvimento: Investir em programas de treinamento e desenvolvimento para os colaboradores é essencial. Isso inclui workshops, seminários e acesso a recursos de aprendizado online.

Aprendizagem Colaborativa: Promover o compartilhamento de conhecimento entre os membros da equipe através de reuniões regulares, sessões de brainstorming e grupos de trabalho.

A Adaptação como Competência Central

Flexibilidade Operacional: Desenvolver sistemas e processos que sejam flexíveis e capazes de se adaptar a mudanças rápidas no ambiente de negócios.

Abertura a Novas Ideias: Encorajar uma mentalidade aberta a novas ideias e abordagens, aceitando que a inovação pode vir de qualquer nível dentro da organização.

Implementando a Mentalidade de Aprendizado e Adaptação

Feedback Contínuo: Estabelecer um sistema de feedback contínuo que permita a aprendizagem e a adaptação com base nas experiências e resultados.

Análise Reflexiva: Incentivar a reflexão regular sobre as práticas e processos atuais e como eles podem ser melhorados.

Desafios e Superando Obstáculos

Resistência à Mudança: Lidar com a resistência à mudança é um desafio comum. Isso pode ser superado através da comunicação eficaz dos benefícios do aprendizado contínuo e da adaptação.

Manutenção do Foco: Manter o foco na importância do aprendizado contínuo, mesmo quando as operações diárias se tornam exigentes.

O aprendizado contínuo e a capacidade de adaptação são cruciais para o sucesso sustentável de qualquer liderança Lean. Eles não apenas melhoram a eficiência e a eficácia dos processos existentes, mas também preparam a organização para o futuro, garantindo que ela permaneça relevante, competitiva e inovadora em um mercado em constante evolução. Ao promover uma cultura que valoriza a aprendizagem e a flexibilidade, os líderes Lean podem assegurar que sua organização não apenas sobreviva, mas prospere no longo prazo.

3.6. Liderando pelo Exemplo

Liderar pelo exemplo é uma das pedras angulares da liderança Lean. Esta abordagem enfatiza a importância de os líderes demonstrarem as atitudes, comportamentos e ética de trabalho que esperam de suas equipes. Ao fazer isso, os líderes Lean estabelecem um padrão de excelência e confiabilidade, incentivando os colaboradores a seguirem o mesmo caminho.

Definindo o Exemplo na Prática

Consistência de Ações e Palavras: Um líder Lean deve ser um modelo de integridade e consistência. Isso significa alinhar as ações com as palavras, demonstrando confiabilidade e honestidade em todas as interações.

Demonstrando Compromisso com os Princípios Lean: Adotar e praticar os princípios Lean, como melhoria contínua, resolução eficaz de problemas e otimização de processos, serve como um exemplo tangível para a equipe.

Efeito Multiplicador do Liderar pelo Exemplo

Inspirando Engajamento e Motivação: Quando os líderes praticam o que pregam, eles inspiram confiança e respeito em suas equipes. Isso, por sua vez, motiva os colaboradores a emularem esses comportamentos positivos.

Cultivando uma Cultura de Transparência e Confiança: A prática de liderar pelo exemplo ajuda a criar um ambiente de trabalho onde a transparência e a confiança são valorizadas, encorajando os colaboradores a serem abertos e honestos.

Desafios e Responsabilidades do Liderar pelo Exemplo

Manter Altos Padrões: Um dos desafios é manter consistentemente altos padrões de comportamento e desempenho, mesmo sob pressão ou em situações desafiadoras.

Autenticidade e Autoconsciência: Os líderes devem ser autênticos e autoconscientes, reconhecendo seus próprios pontos fortes e áreas para melhoria. A autenticidade fomenta uma maior conexão e ressonância com as equipes.

Práticas para Liderar pelo Exemplo

Participação Ativa nos Processos: Envolvimento direto em atividades e processos, não apenas como supervisor, mas como participante ativo, demonstrando comprometimento com os objetivos da equipe.

Feedback Construtivo e Contínuo: Fornecer feedback construtivo regularmente, tanto em termos de elogios quanto de críticas construtivas, reforçando a cultura de aprendizado e melhoria contínua.

Capítulo 4: Implementando a Liderança Servidora no Universo Lean

O Capítulo 4 de "Liderança Lean: Estratégias para Excelência Empresarial" é dedicado a um tema essencial e profundamente enriquecedor: a implementação da Liderança Servidora no contexto Lean. Esta fusão entre a Liderança Servidora e os princípios Lean representa uma poderosa alquimia que pode transformar radicalmente o modo como as organizações operam e lideram.

Iniciamos o capítulo traçando um panorama da Liderança Servidora, enfatizando suas raízes e filosofia central. A Liderança Servidora, concebida inicialmente por Robert K. Greenleaf, inverte o modelo de liderança tradicional, colocando os líderes como servidores de suas equipes, em vez de meros supervisores ou autoridades centrais. Essa abordagem promove um ambiente onde o crescimento, o desenvolvimento e o bem-estar dos membros da equipe são priorizados, resultando em uma maior motivação, comprometimento e, em última instância, em um desempenho aprimorado.

A seguir, abordamos a integração da Liderança Servidora com os princípios Lean. O Lean, com seu foco na eficiência, eliminação de desperdícios e melhoria contínua, se beneficia imensamente de uma liderança que apoia, capacita e serve às equipes. Discutiremos como a

69

Liderança Servidora complementa os objetivos Lean, criando um ambiente propício para inovações e soluções criativas que emanam da equipe.

O capítulo também se aprofunda nas estratégias práticas para implementar a Liderança Servidora em um ambiente Lean. Serão apresentados métodos para desenvolver habilidades essenciais de Liderança Servidora, como empatia, escuta ativa, encorajamento e a habilidade de identificar e cultivar potenciais dentro da equipe. Examinaremos como essas habilidades não apenas enriquecem a cultura organizacional, mas também impulsionam os processos de melhoria contínua.

Além disso, exploramos estudos de caso e exemplos reais de organizações que integraram com sucesso a Liderança Servidora em suas práticas Lean. Estas histórias oferecem insights valiosos e lições aprendidas, demonstrando os desafios e as recompensas desta abordagem.

Por fim, o capítulo ressalta a importância da reflexão e autoavaliação contínuas para líderes que desejam praticar a Liderança Servidora no contexto Lean. Discutiremos como a autoconsciência e o comprometimento com o crescimento pessoal são cruciais para manter a eficácia e a autenticidade na liderança.

Este capítulo não só inspira os líderes a adotar uma abordagem mais humana e empática, mas também fornece um roteiro prático para alinhar esta abordagem com os objetivos estratégicos Lean, criando um ambiente onde líderes e equipes prosperam juntos.

4.1. Fundamentos da Liderança Servidora

Definição e Princípios Básicos

A liderança servidora, um conceito desenvolvido por Robert K. Greenleaf, é uma filosofia de liderança que inverte o modelo tradicional de autoridade, colocando o líder no papel de servidor. Este estilo de liderança é caracterizado por:

Foco no Serviço aos Outros: A principal meta de um líder servidor é satisfazer as necessidades de seus colaboradores e da organização.

Empatia e Escuta Ativa: Líderes servidores mostram genuína preocupação pelos sentimentos e bem-estar dos outros, praticando a escuta ativa para entender verdadeiramente suas perspectivas.

Cultivo do Crescimento Pessoal: Eles se empenham em promover o desenvolvimento pessoal e profissional de cada membro da equipe.

Tomada de Decisão Colaborativa: Encorajam a participação ativa dos colaboradores nas decisões, fomentando um ambiente de respeito mútuo e confiança.

Alinhamento com a Filosofia Lean

A liderança servidora complementa perfeitamente a filosofia Lean, que valoriza a eficiência, o respeito pelas pessoas e a melhoria contínua. Este alinhamento se manifesta em:

Empoderamento de Equipes: Assim como o Lean promove equipes autogeridas e eficientes, a liderança servidora habilita os colaboradores a tomar iniciativas e decisões importantes.

Melhoria Contínua e Inovação: A abertura para feedback e o incentivo ao desenvolvimento contínuo dos colaboradores são essenciais tanto no Lean quanto na liderança servidora.

Ambiente de Respeito e Confiança: Ambos os estilos valorizam um ambiente de trabalho baseado em respeito mútuo, confiança e transparência.

Implicações Práticas para Líderes

Modelar Comportamentos: Líderes servidores devem ser exemplos vivos dos valores e comportamentos que desejam ver em suas equipes.

Desenvolvimento e Suporte de Equipes: Eles devem se concentrar em desenvolver habilidades e capacidades dos membros da equipe, proporcionando apoio e recursos necessários.

Comunicação Eficaz: A habilidade de comunicar-se de maneira clara e motivadora é fundamental para inspirar e guiar a equipe.

Desafios da Liderança Servidora

Embora repleta de benefícios, a liderança servidora apresenta desafios, **como:**

Equilíbrio entre Servir e Liderar: Encontrar o equilíbrio adequado entre servir às necessidades da equipe e tomar decisões assertivas pode ser desafiador.

Mudança de Mentalidade Organizacional: Pode ser necessário um esforço considerável para mudar a cultura organizacional existente e alinhá-la com os princípios da liderança servidora.

Os fundamentos da liderança servidora, quando aplicados no contexto Lean, criam um ambiente propício para o crescimento, a inovação e a eficiência. Esta abordagem não apenas melhora o desempenho e a satisfação dos colaboradores, mas também conduz a resultados empresariais sustentáveis e significativos. Líderes que adotam este estilo estão bem posicionados para levar suas organizações a novos patamares de sucesso e excelência.

4.2 Aplicação da Liderança Servidora no Ambiente Lean

A liderança servidora, quando aplicada no contexto do Lean, transforma a maneira como as organizações operam e lideram. Este capítulo explora como integrar efetivamente os princípios da liderança servidora em um ambiente Lean.

Alinhamento com os Valores Lean

Primeiramente, é crucial entender como os princípios da liderança servidora se alinham com os valores Lean:

Respeito pelas Pessoas: Este é um pilar fundamental do Lean. A liderança servidora reforça este valor através de um compromisso genuíno com o bem-estar e desenvolvimento dos colaboradores.

Melhoria Contínua: Ambos os conceitos enfatizam a importância do crescimento contínuo. Líderes servidores no ambiente Lean facilitam processos de melhoria contínua, incentivando a inovação e a experimentação.

Práticas Efetivas no Ambiente Lean

Empoderamento de Colaboradores: Líderes servidores no Lean promovem a autonomia, permitindo que as equipes tomem decisões operacionais cruciais. Isso aumenta a eficiência e a satisfação no trabalho.

Comunicação Transparente: Mantêm canais de comunicação abertos, garantindo que a equipe esteja alinhada com os objetivos Lean e se sinta valorizada e ouvida.

Feedback e Coaching: Oferecem feedback construtivo e coaching regular, ajudando os colaboradores a melhorarem continuamente seu desempenho e habilidades.

Superando Desafios com a Liderança Servidora no Lean

Implementar a liderança servidora em um ambiente Lean traz seus desafios, tais como:

Equilibrar Liderança e Serviço: Encontrar um equilíbrio entre servir as necessidades da equipe e manter a eficiência e a direção estratégica exigidas pelo Lean.

Mudança Cultural: Transformar a cultura organizacional para adotar plenamente os princípios da liderança servidora e do Lean pode ser um processo longo e complexo.

Caso de Sucesso: Liderança Servidora em Ação no Lean

Para ilustrar a aplicação eficaz, um estudo de caso de uma organização que integrou com sucesso a liderança servidora no seu ambiente Lean pode ser apresentado. Este caso deve detalhar:

Estratégias Adotadas: Como a organização implementou os princípios de liderança servidora no Lean.

Desafios Enfrentados: Obstáculos que surgiram durante a implementação e como foram superados.

Resultados Alcançados: Melhorias no desempenho, na satisfação dos colaboradores e nos resultados gerais da empresa.

Integrar a liderança servidora no ambiente Lean não é uma tarefa fácil, mas os benefícios são significativos. Quando feito corretamente, pode levar a uma melhoria notável na eficiência, na moral da equipe e nos resultados do negócio. Líderes que adotam esta abordagem estão não apenas melhorando suas organizações, mas também estabelecendo um padrão para uma liderança mais humana e eficaz.

4.3 Estudo de Casos de Líderes Servidores Bem-Sucedidos no Lean

Este segmento explora estudos de caso de líderes servidores que implementaram com sucesso a filosofia Lean em suas organizações, destacando as práticas, desafios e resultados alcançados.

Estudo de Caso 1: Transformação em uma Empresa de Manufatura

Perfil do Líder: Um diretor de operações com forte crença na capacitação e no desenvolvimento de equipes.

75

Desafios: Resistência à mudança cultural e operacional, processos ineficientes, baixa moral da equipe.

Estratégias Implementadas:

Realização de workshops sobre liderança servidora e Lean para a gestão.

Empoderamento de funcionários para identificar e resolver problemas.

Implementação de reuniões diárias de equipe para feedback e compartilhamento de ideias.

Resultados:

Aumento significativo na produtividade e eficiência.

Melhoria na satisfação e engajamento dos funcionários.

Redução de custos operacionais.

Estudo de Caso 2: Revolução na Indústria de Serviços

Perfil do Líder: CEO de uma empresa de serviços de TI, com foco em inovação e colaboração.

Desafios: Mercado altamente competitivo, necessidade de inovação rápida, desalinhamento de equipes.

Estratégias Implementadas:

Criação de um ambiente onde erros são vistos como oportunidades de aprendizado.

Descentralização da tomada de decisões, permitindo maior autonomia das equipes.

Implementação de programas de mentoria e desenvolvimento de lideranças internas.

Resultados:

Desenvolvimento de soluções inovadoras e eficientes.

Aumento da retenção de talentos e atração de novos talentos.

Crescimento sustentável e expansão do mercado.

Estudo de Caso 3: Inovação no Setor de Saúde

Perfil do Líder: Diretor de uma grande instituição de saúde, com ênfase na melhoria contínua.

Desafios: Necessidade de otimizar a eficiência operacional sem comprometer a qualidade do atendimento.

Estratégias Implementadas:

Introdução de sistemas Lean para otimizar processos hospitalares.

Treinamento contínuo dos funcionários em práticas Lean e liderança servidora.

Foco na comunicação transparente e na colaboração interdepartamental.

Resultados:

Redução dos tempos de espera e aumento da satisfação do paciente.

Melhoria na comunicação e colaboração entre diferentes departamentos.

Cultura organizacional mais positiva e proativa.

Estes estudos de caso ilustram como a liderança servidora, aliada aos princípios Lean, pode transformar uma organização em diversos setores. Eles demonstram que, independentemente dos desafios específicos do setor, a combinação de uma liderança empática e estratégias Lean resulta em melhorias significativas na eficiência, inovação e satisfação tanto dos funcionários quanto dos clientes.

4.4. Desafios e Benefícios da Liderança Servidora Lean

A implementação da liderança servidora no contexto Lean traz seus próprios desafios únicos, mas também oferece uma série de benefícios significativos. Nesta seção, exploraremos ambos os aspectos para oferecer uma compreensão abrangente dessa abordagem de liderança.

Desafios da Liderança Servidora Lean

Mudança Cultural Profunda: A transição para uma liderança servidora Lean exige uma mudança cultural significativa dentro de uma organização. Este processo pode enfrentar resistência, especialmente em ambientes tradicionais onde as hierarquias são rígidas e o estilo de liderança é mais autoritário.

Paciência e Persistência: A liderança servidora requer paciência, pois os resultados podem não ser imediatos. Os líderes precisam estar comprometidos com o processo de longo prazo de desenvolvimento de pessoas e melhoria contínua.

Equilíbrio entre Servir e Direcionar: Encontrar o equilíbrio certo entre servir à equipe e manter o foco nos objetivos Lean pode ser desafiador. Líderes servidores precisam garantir que a capacitação dos funcionários esteja alinhada com os princípios e metas Lean.

Desenvolvimento Contínuo de Habilidades: A liderança servidora Lean exige uma gama diversificada de habilidades, incluindo empatia, comunicação eficaz e capacidade de inspirar e motivar. O desenvolvimento contínuo dessas habilidades é essencial e pode ser um desafio constante para os líderes.

Benefícios da Liderança Servidora Lean

Melhoria na Moral e Engajamento da Equipe: A abordagem de servir em primeiro lugar cria um ambiente de trabalho mais positivo, onde os membros da equipe se sentem valorizados e respeitados. Isso aumenta o engajamento e a satisfação no trabalho.

Aumento da Inovação e Criatividade: Ao empoderar as equipes e encorajá-las a contribuir com ideias, a liderança servidora Lean fomenta um ambiente propício para a inovação e a criatividade.

Melhoria na Eficiência e Produtividade: A combinação dos princípios Lean com uma liderança que capacita os funcionários leva a melhorias contínuas nos processos, resultando em maior eficiência e produtividade.

Desenvolvimento de Líderes Futuros: Esta abordagem não apenas melhora o desempenho atual da equipe, mas também ajuda a cultivar a próxima geração de líderes. Ao focar no desenvolvimento de pessoas, a liderança servidora Lean prepara os funcionários para assumir futuras posições de liderança dentro da organização.

Adotar a liderança servidora no contexto Lean apresenta desafios únicos, especialmente relacionados à mudança cultural e ao desenvolvimento de habilidades de liderança. No entanto, os benefícios, como o aumento do engajamento dos funcionários, a melhoria contínua e a inovação, são consideráveis e podem levar a uma transformação significativa e sustentável dentro da organização.

4.5. Estratégias para Cultivar a Liderança Servidora Lean

Para incorporar com sucesso a liderança servidora no contexto Lean, é essencial adotar estratégias específicas que alinhem os princípios de ambas as abordagens. Abaixo estão cinco estratégias fundamentais para cultivar uma liderança servidora eficaz em um ambiente Lean.

Fomentar uma Cultura de Abertura e Confiança: Construir uma cultura organizacional onde os membros da equipe se sintam seguros para expressar ideias e preocupações é crucial. Isso envolve criar um ambiente de trabalho aberto e inclusivo, onde o feedback é incentivado e valorizado. A liderança servidora precisa modelar essa abertura, mostrando vulnerabilidade e disposição para aprender com os outros.

Capacitação e Empoderamento da Equipe: Delegar responsabilidades e dar autonomia aos membros da equipe são práticas essenciais na liderança servidora Lean. Isso implica confiar nas capacidades da equipe e apoiá-las no processo de tomada de decisão. Ao capacitar os colaboradores, eles se sentem mais envolvidos e responsáveis pelo sucesso dos processos Lean.

Desenvolvimento Contínuo de Habilidades de Liderança e Lean: Investir na formação e no desenvolvimento contínuo das habilidades de liderança e dos conhecimentos específicos do Lean é fundamental. Isso pode incluir treinamentos, workshops e sessões de coaching. Um líder servidor Lean deve ser um aprendiz constante, sempre buscando melhorar suas habilidades e compreensão do Lean.

Praticar a Escuta Ativa e Empática: Um aspecto chave da liderança servidora é a habilidade de ouvir ativa e empaticamente. Isso significa dar total atenção às preocupações e sugestões da equipe, buscando entender suas perspectivas e necessidades. A escuta ativa ajuda a criar uma conexão mais profunda com a equipe, o que é vital para motivar e inspirar.

Modelar e Celebrar os Comportamentos Lean: Líderes servidores no contexto Lean devem modelar os comportamentos e práticas desejados. Isso inclui aderir aos princípios Lean, como melhoria contínua e eliminação de desperdícios, e celebrar quando a equipe adota esses comportamentos. Reconhecer e recompensar essas ações ajuda a reforçar a importância dos princípios Lean e incentiva a equipe a manter esses comportamentos.

Cultivar a liderança servidora em um ambiente Lean exige um compromisso contínuo com a construção de confiança, capacitação da equipe, desenvolvimento pessoal, escuta empática e modelagem de comportamentos Lean. Essas estratégias não apenas fortalecem a eficácia da equipe, mas também contribuem para a criação de um ambiente de trabalho mais colaborativo e produtivo, onde os princípios Lean podem prosperar.

Capítulo 5: Forjando uma Cultura Organizacional Lean

Introdução Detalhada:

Neste capítulo vital, nos aprofundamos na essência da transformação Lean, explorando o aspecto mais desafiador e gratificante da jornada Lean: a criação e manutenção de uma cultura organizacional que respira e vive os princípios Lean. A cultura organizacional é o tecido subjacente que une todos os aspectos de uma empresa, desde as decisões estratégicas até as operações diárias. Numa abordagem Lean, a cultura não é apenas um pano de fundo, mas um motor ativo que impulsiona a melhoria contínua e a excelência operacional.

Nesta seção, desvendamos os componentes de uma cultura organizacional Lean robusta e como ela pode transformar todos os aspectos de uma organização. Abordamos a cultura não apenas como um conjunto de valores e comportamentos, mas como um sistema vivo que evolui e se adapta às necessidades em constante mudança da empresa e de seu ambiente.

1. Definindo a Cultura Lean:

Começamos com uma exploração detalhada do que constitui uma cultura Lean. Esta seção estabelece a base, definindo os elementos-chave como foco no cliente, busca pela perfeição, respeito pelas pessoas, e uma abordagem de solução de problemas baseada em dados. Discutimos como esses elementos se combinam para criar um ambiente onde a eficiência e a inovação não são apenas encorajadas, mas incorporadas nas rotinas diárias.

2. O Papel da Liderança na Modelagem da Cultura:

Aqui, enfatizamos o papel crítico dos líderes na formação e sustentação da cultura Lean. Discutimos como os líderes podem ser os campeões da mudança cultural, estabelecendo uma visão clara, comunicando-se de maneira eficaz e demonstrando comprometimento com os princípios Lean. Exploramos o conceito de "liderar pelo exemplo" e como isso se traduz em ações e decisões cotidianas que reforçam a cultura desejada.

3. Engajamento e Empoderamento dos Colaboradores:

Um aspecto vital da cultura Lean é a participação ativa dos colaboradores em todos os níveis. Esta seção aborda estratégias para envolver os colaboradores na jornada Lean, promovendo um senso de propriedade e responsabilidade. Discutimos técnicas como workshops de resolução de problemas, sessões de brainstorming e programas de sugestões para fomentar um ambiente onde cada colaborador se sinta valorizado e capacitado para contribuir.

4. Estruturas de Suporte e Recursos:

Uma cultura Lean eficaz requer o suporte de estruturas organizacionais e recursos adequados. Aqui, exploramos a importância de sistemas de suporte, como tecnologia da informação, processos de comunicação e estruturas de recompensa que reforçam e sustentam os princípios Lean. Discutimos como alinhar recursos e estruturas com a cultura Lean para criar um ecossistema coeso que apoia a melhoria contínua.

5. Navegando Desafios e Resistência:

Mudanças culturais enfrentam inevitavelmente desafios e resistências. Esta seção oferece insights sobre como identificar, entender e superar esses obstáculos. Abordamos estratégias para lidar com resistências, como a comunicação efetiva, o envolvimento dos colaboradores na tomada de decisões e a celebração de sucessos para manter o moral e o comprometimento.

6. Estudos de Caso e Lições Aprendidas:

Finalmente, apresentamos estudos de caso reais de organizações que implementaram com sucesso a cultura Lean. Analisamos suas estratégias, desafios enfrentados, e as soluções que encontraram, proporcionando insights valiosos e lições práticas para os leitores.

Este capítulo oferece um guia abrangente para líderes e profissionais que buscam não apenas implementar a filosofia Lean, mas vivê-la como parte de uma cultura organizacional transformadora. Ao forjar uma cultura Lean, as organizações podem criar um ambiente onde a excelência não é apenas um objetivo, mas uma realidade diária.

5.1 Entendendo a Cultura Lean

Definição e Fundamentos:

A cultura Lean é uma filosofia organizacional centrada na maximização do valor e na minimização do desperdício. Essa cultura é fundamentada em princípios de melhoria contínua, eficiência operacional e foco intenso no cliente. Para compreender a cultura Lean, é crucial explorar seus elementos chave:

Valorização do Cliente: No cerne da cultura Lean está a obsessão pelo valor para o cliente. Tudo gira em torno da pergunta: "Isso adiciona valor ao cliente?" Esta abordagem assegura que todas as atividades e processos estejam alinhados com as necessidades e expectativas do cliente.

Perseguição da Perfeição: A busca incessante pela perfeição é um pilar da cultura Lean. Isso envolve a contínua identificação e eliminação de desperdícios (atividades que não agregam valor), promovendo eficiência e qualidade em todos os níveis da organização.

Melhoria Contínua (Kaizen): A melhoria contínua é uma prática diária na cultura Lean. Kaizen, um termo japonês para "mudança para melhor", enfatiza pequenas melhorias constantes realizadas por todos na organização, criando um impacto cumulativo significativo.

Respeito pelas Pessoas: A cultura Lean reconhece que os colaboradores são o ativo mais valioso de uma organização. Ela promove o respeito, o envolvimento e o desenvolvimento das pessoas, incentivando a inovação e a solução de problemas no nível da base.

Cultura Lean na Prática:

Na prática, a cultura Lean transforma a maneira como o trabalho é realizado. Isso inclui:

Processos Enxutos: Simplificação e otimização de processos para reduzir etapas desnecessárias, atrasos e ineficiências. Isso se reflete na maneira como os projetos são gerenciados, os produtos são desenvolvidos e os serviços são entregues.

Tomada de Decisão Baseada em Dados: Decisões na cultura Lean são baseadas em dados e análises, não em suposições. Isso promove a objetividade e a eficácia na solução de problemas e na implementação de melhorias.

Empoderamento dos Colaboradores: Encorajamento ativo da contribuição dos colaboradores em todos os níveis. Os funcionários são treinados e habilitados a identificar problemas, sugerir melhorias e implementar soluções.

Ambiente de Aprendizado e Adaptação: A cultura Lean promove um ambiente onde o erro é visto como uma oportunidade de aprendizado. Isso encoraja a experimentação, a adaptação e a rápida recuperação de falhas.

Impacto Organizacional:

Adotar uma cultura Lean tem um impacto profundo na organização como um todo. Isso se traduz em:

Aumento da Eficiência Operacional: Redução de desperdícios e processos mais enxutos levam a uma maior eficiência operacional.

Melhoria na Qualidade: Foco contínuo na qualidade e na perfeição, resultando em produtos e serviços superiores.

Maior Satisfação do Cliente: Ao priorizar o valor para o cliente, as empresas Lean tendem a alcançar níveis mais altos de satisfação do cliente.

Ambiente de Trabalho Dinâmico: Cria um ambiente de trabalho energético e colaborativo, onde as ideias e a inovação são valorizadas.

5.2 Liderança como Catalisadora da Cultura Lean

Papel Fundamental da Liderança:

Na implementação da cultura Lean, a liderança não é apenas um componente; é o catalisador. Líderes eficazes na abordagem Lean são essenciais para inspirar, orientar e sustentar a transformação cultural. Eles desempenham vários papéis críticos:

Modelagem do Comportamento: Líderes Lean exemplificam os princípios e comportamentos que desejam ver em suas equipes. Eles adotam práticas Lean em suas próprias rotinas, demonstrando compromisso com a melhoria contínua e a eficiência.

Comunicação da Visão: Líderes eficazes articulam claramente a visão Lean e como ela se alinha com os objetivos gerais da organização. Eles garantem que todos na organização entendam não apenas o 'o quê' e o 'como', mas crucialmente, o 'porquê'.

Empoderamento e Envolvimento: Líderes Lean empoderam suas equipes, encorajando a tomada de decisão no nível operacional. Eles promovem um ambiente onde os colaboradores se sentem confiantes para expressar ideias, sugerir melhorias e experimentar soluções inovadoras.

Desenvolvimento e Suporte: Eles se concentram no desenvolvimento contínuo de suas equipes, fornecendo treinamento, recursos e suporte necessários para implementar práticas Lean efetivamente.

Construindo a Cultura Através da Liderança:

A liderança Lean vai além de simplesmente gerir processos; ela envolve a construção e nutrição de uma cultura. Isso inclui:

Estabelecimento de Valores e Normas: Líderes Lean estabelecem e reforçam valores e normas que promovem a melhoria contínua, a colaboração e o respeito mútuo.

Promoção da Transparência: Eles incentivam a transparência em todos os níveis, criando um ambiente onde o feedback é bem-vindo e os desafios são abertamente discutidos.

Reconhecimento e Celebração: Reconhecem e celebram as conquistas, grandes ou pequenas, incentivando assim a continuidade do engajamento e do esforço na jornada Lean.

Foco na Solução de Problemas: Promovem uma mentalidade orientada para a solução de problemas, onde os desafios são vistos como oportunidades para aprender e melhorar.

Desafios para a Liderança Lean:

Implementar uma cultura Lean não está isento de desafios. Líderes podem enfrentar resistência à mudança, limitações de recursos, ou desafios na alinhamento da equipe com os novos processos. A superação desses obstáculos requer resiliência, adaptabilidade e uma forte habilidade de comunicação.

A liderança na cultura Lean é menos sobre exercer autoridade e mais sobre ser um facilitador e um mentor. Líderes eficazes na abordagem Lean desempenham um papel crucial na moldagem, na implementação e no sustento da cultura Lean. Eles criam um ambiente onde a melhoria contínua é não apenas possível, mas também incentivada, vivida e celebrada.

5.3 Engajamento e Alinhamento de Colaboradores

Fomentando o Engajamento:

Engajar colaboradores em uma cultura Lean é fundamental para seu sucesso sustentável. O engajamento vai além do simples envolvimento; significa que os colaboradores estão emocionalmente e mentalmente investidos na missão e nos objetivos da organização. Para alcançar isso:

Comunicação Clara e Contínua: É crucial manter uma comunicação aberta e contínua sobre os objetivos, progressos e mudanças relacionadas à implementação Lean. Isso ajuda a criar um senso de pertencimento e compreensão entre os colaboradores.

Capacitação e Treinamento: Investir no desenvolvimento profissional dos colaboradores é essencial. O treinamento regular não só melhora as habilidades necessárias para práticas Lean, mas também demonstra um compromisso com o crescimento pessoal de cada membro da equipe.

Feedback e Reconhecimento: Reconhecer e recompensar os esforços e as contribuições dos colaboradores reforça o comportamento positivo e aumenta a motivação. Igualmente importante é fornecer feedback construtivo, que é fundamental para o desenvolvimento pessoal e a melhoria contínua.

Alinhando Colaboradores com a Visão Lean:

O alinhamento com a visão Lean requer que os colaboradores não apenas entendam a filosofia Lean, mas também a vejam como relevante e benéfica para o seu trabalho diário. Para alcançar isso:

Incorporação de Objetivos Lean em Metas Pessoais: Conectar os objetivos Lean com metas individuais e de equipe ajuda os colaboradores a entenderem como suas atividades diárias contribuem para os objetivos maiores da organização.

Criação de Times Multidisciplinares: Equipes compostas por membros de diferentes áreas podem promover a inovação e a colaboração. Isso também ajuda a quebrar silos departamentais, um aspecto crucial na implementação eficaz do Lean.

Promoção de Propriedade e Responsabilidade: Encorajar os colaboradores a assumir responsabilidade e propriedade de seus processos e resultados. Isso aumenta o comprometimento e a proatividade em busca de melhorias contínuas.

Superando Desafios no Engajamento:

Resistência à Mudança: A resistência é uma resposta natural à mudança. Líderes Lean devem abordar preocupações e resistências de maneira aberta e empática, procurando compreender as perspectivas dos colaboradores e trabalhando juntos para superar obstáculos.

Manutenção do Engajamento a Longo Prazo: O engajamento não é um evento único, mas um processo contínuo. Isso requer monitoramento, ajustes e revitalizações constantes das estratégias de engajamento para mantê-las relevantes e eficazes.

O engajamento e alinhamento dos colaboradores são vitais para a criação e sustentação de uma cultura Lean eficaz. Através de comunicação efetiva, capacitação, reconhecimento e a construção de uma conexão clara entre o trabalho diário e a visão Lean, os líderes podem cultivar um ambiente onde cada colaborador se sente valorizado e parte integral do processo de melhoria contínua.

5.4 Construindo Sistemas de Suporte para a Cultura Lean

Estabelecendo Estruturas de Suporte:

Para que uma cultura Lean seja efetivamente integrada e sustentada em uma organização, é necessário estabelecer sistemas de suporte robustos. Estes sistemas servem como a espinha dorsal para as práticas Lean, garantindo que a filosofia seja não apenas adotada, mas também continuamente melhorada.

Sistemas de Gestão Visual: Ferramentas como quadros Kanban e 5S proporcionam uma maneira visual de gerenciar fluxos de trabalho e manter a organização. Eles ajudam a identificar gargalos, facilitam a comunicação e aumentam a eficiência.

Tecnologia e Ferramentas Lean: A adoção de tecnologias adequadas, como softwares de gerenciamento de projetos ou sistemas ERP (Enterprise Resource Planning) que suportam princípios Lean, pode aumentar significativamente a eficiência. Ferramentas digitais podem ajudar a rastrear métricas, otimizar processos e facilitar a tomada de decisões baseada em dados.

Mecanismos de Feedback e Melhoria Contínua: Criar canais para feedback regular e construtivo, tanto vertical quanto horizontalmente, é crucial. Isso inclui avaliações de desempenho, caixas de sugestões, e reuniões regulares de equipe focadas na identificação de oportunidades de melhoria.

Capacitação e Treinamento Contínuo:

A cultura Lean requer um investimento contínuo em treinamento e desenvolvimento. Isto não se limita apenas ao treinamento inicial, mas envolve uma educação contínua para garantir que os colaboradores estejam atualizados com as melhores práticas e ferramentas Lean.

Programas de Desenvolvimento de Liderança: Programas específicos para desenvolver habilidades Lean em líderes são fundamentais. Líderes bem treinados são capazes de modelar comportamentos Lean, orientar suas equipes de forma eficaz e promover a cultura Lean.

Workshops e Seminários: Workshops regulares, seminários e sessões de treinamento ajudam a manter a equipe engajada e informada sobre as práticas Lean. Eles também servem como plataformas para compartilhar sucessos e lições aprendidas.

Cultivando Parcerias e Colaborações:

Redes de Aprendizado Lean: Criar ou participar de redes de aprendizado Lean, incluindo conferências, fóruns online e grupos de discussão, pode proporcionar insights valiosos e novas perspectivas. Isso também promove um senso de comunidade e colaboração.

Parcerias com Consultores e Especialistas: Em alguns casos, pode ser benéfico buscar parcerias com consultores Lean ou outros especialistas externos para obter orientação especializada e insights sobre as melhores práticas.

Construir sistemas de suporte robustos é fundamental para incutir uma cultura Lean duradoura. Isso envolve não apenas a implementação de ferramentas e tecnologias adequadas, mas também a criação de um ambiente de aprendizado contínuo, colaboração e melhoria. Esses sistemas garantem que a filosofia Lean seja mais do que um conjunto de práticas; torna-se uma parte integrada da cultura e dos valores da organização.

5.5 Superando Desafios e Resistências

A implementação de uma cultura organizacional Lean envolve transformações significativas que podem, inevitavelmente, encontrar resistências e desafios. Superar esses obstáculos é crucial para o sucesso sustentável da abordagem Lean.

Identificando as Fontes de Resistência:

Resistência Cultural: Mudanças nas práticas de trabalho e na mentalidade podem gerar desconforto e resistência entre os colaboradores. É comum que haja um apego aos métodos tradicionais e uma relutância em adotar novas abordagens.

Falta de Comprometimento da Liderança: Em alguns casos, a resistência pode vir do topo, onde líderes podem não estar totalmente comprometidos ou não compreendem completamente os princípios Lean.

Medo do Desconhecido: A incerteza sobre novos processos e possíveis mudanças no status quo pode criar ansiedade e oposição entre os colaboradores.

Estratégias para Superar Desafios:

Comunicação Eficaz: Uma comunicação clara e transparente sobre as mudanças e os benefícios do Lean é essencial. Isso inclui explicar o 'porquê' por trás das mudanças, além do 'como' e do 'o quê'.

Envolvimento e Empoderamento dos Colaboradores: Envolver os colaboradores no processo de mudança e dar-lhes a oportunidade de contribuir com ideias e feedback pode ajudar a diminuir a resistência.

Treinamento e Educação: Oferecer treinamento adequado para garantir que todos compreendam os princípios e as ferramentas Lean. O treinamento deve ser contínuo e adaptado às necessidades específicas de diferentes grupos dentro da organização.

Celebração de Pequenas Vitórias: Reconhecer e celebrar os sucessos iniciais pode aumentar a confiança na metodologia Lean e motivar a equipe a continuar com os esforços.

Liderança pelo Exemplo: Os líderes devem demonstrar seu compromisso com os princípios Lean por meio de suas ações. Liderar pelo exemplo é uma forma poderosa de incentivar a adoção da cultura Lean.

Superando Desafios Técnicos:

Adaptação Flexível: A abordagem Lean deve ser adaptada às necessidades e especificidades da organização. Isso pode significar ajustar ou personalizar certas práticas Lean para se adequar melhor ao contexto da empresa.

Suporte Externo: Em casos onde desafios técnicos são significativos, buscar o apoio de consultores ou especialistas em Lean pode fornecer o conhecimento e a experiência necessários para superar esses obstáculos.

Superar desafios e resistências é uma parte fundamental do processo de forjar uma cultura organizacional Lean. Requer uma combinação de comunicação eficaz, envolvimento dos colaboradores, educação contínua, liderança pelo exemplo e adaptação flexível. Ao enfrentar esses desafios de frente e com uma mentalidade aberta, a organização pode avançar em sua jornada Lean, alcançando melhorias contínuas e sustentáveis.

5.6 Casos de Estudo e Melhores Práticas

A aplicação prática da cultura Lean em diferentes organizações fornece insights valiosos e lições aprendidas. Ao examinar casos de estudo específicos e identificar as melhores práticas, podemos entender melhor como implementar com sucesso a filosofia Lean.

Caso de Estudo 1: Toyota - A Origem do Lean

Contexto: A Toyota, reconhecida por seu Sistema Toyota de Produção, é frequentemente considerada a precursora da filosofia Lean. Este sistema evoluiu ao longo de décadas, enfatizando eficiência, qualidade e a eliminação contínua de desperdícios.

Práticas-Chave: Just-In-Time, automação com um toque humano (Jidoka), e Kaizen (melhoria contínua). A Toyota também se destaca pelo respeito e envolvimento de seus funcionários na resolução de problemas.

Lições Aprendidas: A importância de uma abordagem holística que envolve todos os níveis da organização, a valorização dos colaboradores como fonte de melhoria contínua e a necessidade de adaptação constante.

Caso de Estudo 2: General Electric - Diversificação e Adaptabilidade

Contexto: A General Electric (GE) aplicou os princípios Lean em uma variedade de setores, desde manufatura até serviços financeiros, mostrando a adaptabilidade do Lean.

Práticas-Chave: Implementação do Six Sigma junto ao Lean para melhorar a qualidade e eficiência, treinamento extensivo dos colaboradores e uma abordagem focada no cliente.

Lições Aprendidas: A combinação de diferentes metodologias para otimizar resultados, a importância do treinamento e capacitação e a necessidade de alinhar a cultura Lean com as metas organizacionais.

Caso de Estudo 3: Hospital Thedacare - Lean na Saúde

Contexto: Thedacare, um sistema de saúde americano, adotou a filosofia Lean para melhorar o atendimento ao paciente e a eficiência operacional.

Práticas-Chave: Implementação do sistema de gestão visual, melhoria contínua nos processos de atendimento ao paciente e redução de desperdícios em áreas administrativas e clínicas.

Lições Aprendidas: A aplicabilidade do Lean além da manufatura, a importância de adaptar as ferramentas Lean ao contexto específico, e o impacto positivo na satisfação do cliente/paciente.

Melhores Práticas Identificadas:

Adaptação Contextual: Cada caso de estudo mostra a necessidade de adaptar os princípios Lean ao contexto específico da organização.

Envolvimento de Todos os Níveis: O sucesso do Lean depende do envolvimento ativo de todos, desde a alta liderança até os colaboradores da linha de frente.

Foco na Melhoria Contínua: Encorajar uma cultura de Kaizen, onde a melhoria contínua é uma responsabilidade compartilhada.

Treinamento e Educação: Investir em treinamento e educação contínua para garantir que todos na organização compreendam e possam aplicar os princípios Lean.

Medição e Feedback: Implementar sistemas de medição de desempenho e feedback para monitorar progressos e identificar áreas para melhoria.

Ao estudar esses casos e práticas, fica evidente que a cultura Lean pode ser aplicada com sucesso em diversos setores, trazendo melhorias significativas em eficiência, qualidade e satisfação do cliente. A chave para o sucesso reside na adaptação flexível dos princípios Lean ao ambiente específico da organização, garantindo o envolvimento e comprometimento de todos os níveis.

Capítulo 6: Instrumentos Lean para Liderança Efetiva

À medida que mergulhamos no Capítulo 6, adentramos um território prático e aplicável da filosofia Lean, enfocando especificamente nos instrumentos e técnicas que líderes podem empregar para alcançar uma liderança eficaz e transformadora. A liderança Lean transcende a simples gestão de tarefas e pessoas; ela se enraíza profundamente na habilidade de inspirar, motivar e guiar equipes através da aplicação inteligente de ferramentas que promovem eficiência, clareza e melhoria contínua.

Neste capítulo, exploraremos em detalhes ferramentas e práticas essenciais do Lean que são cruciais para qualquer líder que busca não apenas implementar os princípios Lean, mas viver e respirar esses valores em todas as ações e decisões. Essas ferramentas são mais do que meros métodos de gestão; elas são veículos para transformar a cultura organizacional, aprimorar processos e, mais importante, para desenvolver e fortalecer equipes.

Começaremos explorando o conceito de Gemba Walk, uma prática que leva líderes ao coração de onde o trabalho real acontece. Esta não é apenas uma caminhada observacional, mas uma oportunidade de se conectar com os funcionários, entender os desafios enfrentados na linha de frente e identificar oportunidades de melhorias no processo.

Em seguida, mergulharemos no mundo do Kaizen, a espinha dorsal da filosofia Lean. Aprenderemos como cultivar uma cultura de melhoria contínua, onde cada membro da equipe é encorajado e capacitado a contribuir com ideias inovadoras. Esta seção irá detalhar como liderar eventos de Kaizen e integrar essa prática no cotidiano da equipe.

O uso do Kanban para gerenciar e visualizar o trabalho também será abordado. Esta ferramenta não apenas melhora a eficiência, mas também aumenta a transparência e a comunicação dentro das equipes. Discutiremos como implementar sistemas Kanban e adaptá-los às necessidades específicas de diferentes grupos de trabalho.

A metodologia A3 será outro ponto focal, destacando como essa ferramenta de resolução de problemas pode ser usada para estruturar pensamentos e ideias, conduzindo a soluções mais eficazes e sustentáveis. Este segmento fornecerá um guia passo a passo para a criação de relatórios A3, desde a identificação de problemas até a implementação de soluções.

Por fim, o capítulo irá abordar o Hoshin Kanri, uma técnica para alinhar objetivos estratégicos com planos de ação diários. Esta seção irá ilustrar como líderes podem usar o Hoshin Kanri para garantir que todos na organização estejam trabalhando em harmonia em direção aos mesmos objetivos.

Ao final deste capítulo, os leitores terão um entendimento aprofundado de como essas ferramentas Lean podem ser utilizadas na prática para não apenas melhorar os processos e a eficiência, mas também para fomentar uma cultura de liderança que seja verdadeiramente colaborativa, inovadora e sustentável.

6.1 Gemba Walk: A Arte da Observação no Local de Trabalho

O Gemba Walk, traduzido literalmente como "caminhada no local real", é uma prática fundamental na filosofia Lean, enfatizando a importância da observação direta nas áreas onde o trabalho realmente acontece. Este instrumento não é apenas uma ferramenta para inspeção, mas uma metodologia para líderes se conectarem com suas equipes, entenderem os processos em profundidade e identificarem oportunidades de melhoria contínua. Vamos explorar detalhadamente os elementos que compõem a arte do Gemba Walk.

Fundamentos do Gemba Walk

Presença Física: O Gemba Walk requer que líderes deixem seus escritórios e estejam presentes fisicamente no local de trabalho. Isso significa estar nas linhas de produção, nos escritórios onde as operações ocorrem, ou em qualquer lugar onde o valor é criado.

Observação Ativa: O objetivo principal é observar e entender o que está acontecendo. Líderes devem focar em como o trabalho está sendo realizado, identificar desperdícios (atividades que não agregam valor) e observar as interações entre os membros da equipe e seu ambiente de trabalho.

Escuta Atenta: Gemba Walk é também uma oportunidade para ouvir os funcionários. Entender suas preocupações, desafios e sugestões é crucial. Esta prática promove um ambiente de abertura e confiança.

Executando um Gemba Walk Eficaz

Sem Agendas Ocultas: Aproxime-se do Gemba Walk sem uma agenda predefinida. Permita que as observações no local guiem seu foco.

Faça Perguntas: Use perguntas abertas para compreender os processos. Evite fazer suposições ou pular para conclusões.

Aprenda e Ensine: Use a oportunidade para compartilhar conhecimento. Encoraje os funcionários a explicar seus processos e pense em maneiras de melhorar conjuntamente.

Registre as Observações: Anote o que você vê e ouve. Essas notas são valiosas para discussões futuras e para rastrear o progresso das melhorias implementadas.

Benefícios do Gemba Walk

Melhoria Contínua: Ao identificar ineficiências e problemas no local onde acontecem, você pode implementar mudanças mais eficazes.

Engajamento dos Funcionários: Ver seus líderes interessados em seu trabalho e ouvir suas sugestões aumenta o moral e o engajamento da equipe.

Comunicação e Transparência: Promove uma comunicação aberta entre a liderança e os funcionários, construindo uma cultura de transparência.

Tomada de Decisão Baseada na Realidade: As decisões são tomadas com base em observações e dados reais, e não em suposições.

O Gemba Walk é mais do que uma simples caminhada; é uma filosofia de liderança e gestão. Quando feito corretamente, transforma a maneira como os líderes interagem com suas equipes e como compreendem os processos de trabalho. É uma ferramenta poderosa para desvendar potenciais desperdícios e ineficiências, ao mesmo tempo que fortalece a relação entre líderes e colaboradores, criando um ambiente propício para a melhoria contínua e para a excelência operacional.

6.2 Kaizen: Cultivando a Melhoria Contínua

O Kaizen, um termo japonês que significa "mudança para melhor" ou "melhoria contínua", é um dos pilares centrais da filosofia Lean. Esta abordagem envolve todos os membros da organização em um esforço contínuo para melhorar todos os aspectos dos processos e sistemas. Vamos explorar como o Kaizen pode ser efetivamente incorporado na liderança e na cultura organizacional para promover um crescimento sustentável e melhorias significativas.

Conceitos Fundamentais do Kaizen

Melhorias Incrementais: Ao contrário das reformulações radicais, o Kaizen foca em pequenas mudanças contínuas. Isso torna as melhorias mais gerenciáveis e menos propensas a resistência.

Envolvimento de Todos: Desde a alta gerência até os funcionários da linha de frente, todos são encorajados a contribuir com ideias para a melhoria.

105

Foco no Processo: O objetivo é identificar e eliminar desperdícios (atividades que não agregam valor), otimizar processos e resolver problemas na raiz.

Implementando Kaizen na Liderança

Cultura de Abertura: Crie um ambiente onde todos se sintam confortáveis para expressar ideias e sugestões. A liderança deve promover e recompensar a inovação e a experimentação.

Educação e Treinamento: Forneça formação contínua aos funcionários sobre os princípios e ferramentas do Kaizen, garantindo que todos tenham os conhecimentos necessários para contribuir efetivamente.

Comunicação Constante: Mantenha as linhas de comunicação abertas. Regularmente discuta progressos, desafios e sucessos em reuniões de equipe e fóruns de discussão.

Solução de Problemas em Equipe: Encoraje a solução colaborativa de problemas. Reúna equipes interfuncionais para analisar processos e identificar áreas de melhoria.

Benefícios do Kaizen

Melhoria da Eficiência e da Produtividade: Através de melhorias contínuas, processos se tornam mais enxutos e eficientes, aumentando a produtividade.

Maior Satisfação do Funcionário: O envolvimento dos funcionários nas decisões de melhoria aumenta o engajamento e a satisfação no trabalho.

Flexibilidade e Resposta Rápida: Uma cultura de Kaizen permite que a organização se adapte rapidamente às mudanças do mercado e às demandas dos clientes.

Qualidade Aprimorada: Ao focar na melhoria contínua, a qualidade dos produtos e serviços tende a aumentar, resultando em maior satisfação do cliente.

O Kaizen é uma abordagem poderosa que pode transformar a cultura organizacional e impulsionar melhorias significativas. Ao adotar esta filosofia, líderes Lean fomentam um ambiente de trabalho proativo, colaborativo e inovador, onde a melhoria contínua se torna parte integrante da rotina diária. Esta prática não só melhora os processos e a eficiência operacional, mas também engaja e empodera os funcionários, criando uma base sólida para o sucesso sustentável da organização.

6.3 Kanban: Visualizando o Fluxo de Trabalho

Kanban, uma ferramenta essencial no arsenal Lean, é um método visual para gerenciar e otimizar o fluxo de trabalho. Originário do sistema Toyota de produção, o Kanban se tornou uma abordagem popular em várias indústrias para melhorar a eficiência e a comunicação. Vamos detalhar como o Kanban pode ser utilizado para aprimorar a liderança e a gestão de processos.

Princípios Fundamentais do Kanban

Visualização do Trabalho: Utiliza cartões (kanbans) em quadros para representar tarefas ou etapas de um processo. Isso torna o trabalho e seu progresso visíveis para todos os envolvidos.

Limitação do Trabalho em Progresso: Define limites para a quantidade de trabalho que pode estar em cada estágio do processo simultaneamente. Isso ajuda a prevenir gargalos e promove um fluxo de trabalho mais suave.

Gestão Baseada no Fluxo: Concentra-se em manter o trabalho fluindo através do sistema, identificando e resolvendo atrasos e interrupções.

Melhoria Contínua: A equipe revisa regularmente o desempenho do processo e procura oportunidades para otimizações.

Implementando Kanban na Liderança

Estabelecendo Quadros de Kanban: Crie quadros visuais, físicos ou digitais, para mapear as etapas do processo. Cada tarefa é representada por um cartão que se move pelo quadro conforme avança nas etapas.

Definindo Limites Claros: Estabeleça limites para o número de tarefas em cada etapa do processo. Isso ajuda a equipe a focar nas tarefas mais críticas e a gerenciar melhor o fluxo de trabalho.

Transparência e Comunicação: Garanta que o quadro Kanban seja facilmente acessível a todos os membros da equipe, promovendo transparência e facilitando a comunicação.

Revisões Regulares do Processo: Faça reuniões periódicas para analisar o quadro Kanban e identificar áreas de melhoria. Incentive feedback e sugestões de todos os membros da equipe.

Benefícios do Kanban

Melhoria na Eficiência do Processo: Ao visualizar o trabalho e limitar o trabalho em progresso, o Kanban ajuda a identificar e reduzir gargalos, melhorando a eficiência geral.

Maior Flexibilidade: O Kanban permite uma rápida adaptação às mudanças, pois a equipe pode visualizar imediatamente onde são necessárias ajustes.

Aumento na Produtividade: Com um sistema claro e visual, as equipes podem gerenciar melhor suas tarefas e prioridades, levando a uma produtividade aprimorada.

Colaboração e Engajamento da Equipe: O Kanban promove uma cultura de trabalho em equipe e transparência, onde todos os membros são encorajados a contribuir e colaborar.

O Kanban é uma ferramenta poderosa que traz clareza e eficiência para o processo de trabalho. Ao implementar este sistema, líderes Lean podem promover um ambiente onde a transparência, a colaboração e a eficiência são a norma, capacitando as equipes a gerenciar melhor suas tarefas e fluxos de trabalho. Com o Kanban, a liderança não apenas melhora a produtividade e a eficiência, mas também cria um espaço de trabalho mais engajado e responsivo.

6.4 A3 Problem Solving: Estruturando a Resolução de Problemas

O A3 Problem Solving é uma metodologia Lean que se baseia na utilização de um único papel tamanho A3 (29,7 x 42 cm) para descrever um problema, analisá-lo, e planejar soluções. Essa abordagem é altamente eficaz para líderes e equipes que buscam resolver problemas de forma estruturada e colaborativa. Vamos explorar a aplicação detalhada do A3 na liderança.

Fundamentos do A3 Problem Solving

Papel A3 como Ferramenta de Comunicação: O formato A3 serve como um resumo conciso que abrange todos os aspectos do problema e da solução proposta, facilitando a comunicação e o entendimento.

Estrutura Lógica e Sequencial: O documento A3 é estruturado em várias seções que guiam o usuário através do processo de identificação do problema, análise de causas, desenvolvimento de soluções, implementação e revisão.

Foco na Colaboração: O A3 promove a colaboração e o compartilhamento de conhecimentos entre os membros da equipe, permitindo uma visão mais ampla e diversificada na resolução de problemas.

Implementação do A3 na Liderança

Definição do Problema: Comece com uma descrição clara e objetiva do problema. Isso estabelece o foco para a discussão e a análise subsequente.

Análise de Causa Raiz: Utilize ferramentas como o "5 Porquês" para explorar as causas subjacentes do problema. Isso ajuda a identificar as verdadeiras fontes dos problemas, ao invés de tratar apenas sintomas superficiais.

Desenvolvimento de Soluções: Proponha soluções que abordem as causas raízes identificadas. Inclua diferentes perspectivas e especializações da equipe para uma abordagem mais abrangente.

Plano de Ação: Defina um plano de ação detalhado com etapas específicas, prazos e responsáveis. Isso transforma as soluções propostas em ações concretas.

Implementação e Monitoramento: Execute o plano e monitore o progresso. Use indicadores de desempenho para medir a eficácia das soluções implementadas.

Avaliação e Aprendizado: Revise o processo e os resultados. Identifique lições aprendidas e oportunidades de melhoria para futuras iniciativas de resolução de problemas.

Benefícios do A3 Problem Solving

Melhoria da Comunicação e Clareza: O formato conciso e estruturado do A3 facilita a comunicação clara e eficaz sobre problemas complexos.

Tomada de Decisão Baseada em Evidências: O A3 encoraja a análise aprofundada e baseada em dados, resultando em decisões mais informadas e eficazes.

Cultura de Resolução de Problemas: Promove uma mentalidade de resolução de problemas e melhoria contínua em toda a equipe ou organização.

Empoderamento da Equipe: Ao envolver a equipe no processo de resolução de problemas, o A3 promove a autonomia e o engajamento dos colaboradores.

O A3 Problem Solving é uma ferramenta poderosa que ajuda líderes Lean a abordar problemas de forma estruturada, colaborativa e eficaz. Ele não apenas auxilia na resolução de problemas específicos, mas também contribui para a construção de uma cultura organizacional que valoriza a melhoria contínua, a colaboração e a tomada de decisões baseadas em evidências. Implementar o A3 na liderança significa adotar uma abordagem holística para enfrentar desafios e capacitar equipes para alcançar resultados sustentáveis e significativos.

6.5 Hoshin Kanri: Alinhando Metas e Ações

O Hoshin Kanri, também conhecido como Policy Deployment, é uma metodologia Lean estratégica usada para garantir que as direções e objetivos estratégicos de uma organização estejam alinhados com as atividades planejadas em todos os níveis. Essa abordagem permite que as empresas concentrem seus recursos nas áreas mais críticas para alcançar seus objetivos de longo prazo. Vamos explorar como o Hoshin Kanri funciona e como ele pode ser efetivamente implementado para alinhar metas e ações.

Princípios do Hoshin Kanri

Visão Estratégica Claramente Definida: Começa com a definição de uma visão estratégica de longo prazo que orienta todas as ações e decisões da organização.

Objetivos Chave: A partir desta visão, são derivados objetivos anuais específicos que são vitais para o sucesso da estratégia de longo prazo.

Comunicação Efetiva: Estes objetivos são comunicados em todos os níveis da organização para garantir compreensão e alinhamento.

Envolver Todos os Níveis: O Hoshin Kanri requer a participação ativa de todos os níveis da organização, desde a alta gerência até a linha de frente.

Implementação do Hoshin Kanri na Liderança

Desenvolvimento de Planos Estratégicos: O processo começa no topo, com a liderança desenvolvendo e refinando a visão estratégica e os objetivos anuais.

Desdobramento de Metas (Catchball): As metas são desdobradas através de um processo iterativo conhecido como catchball, que envolve a discussão e o ajuste de objetivos entre diferentes níveis hierárquicos. Isso garante que as metas sejam realistas e alinhadas com as capacidades e recursos da organização.

Planos de Ação: Cada departamento ou equipe desenvolve seus próprios planos de ação para contribuir para os objetivos globais. Estes planos são específicos, mensuráveis e alinhados com as metas mais amplas.

Monitoramento e Ajuste: Acompanhamento regular do progresso em relação aos objetivos, com ajustes conforme necessário. Isso inclui a revisão periódica dos planos de ação e metas para garantir que permaneçam relevantes e alinhados com a estratégia global.

Benefícios do Hoshin Kanri

Alinhamento Estratégico: Garante que todos na organização estejam trabalhando em direção aos mesmos objetivos.

Melhoria da Comunicação: Melhora a comunicação e o entendimento dos objetivos e estratégias em toda a organização.

Empoderamento dos Funcionários: Ao envolver os funcionários no processo de planejamento, eles se sentem mais comprometidos e responsáveis pelo sucesso da organização.

Foco em Prioridades Críticas: Ajuda a organização a se concentrar nas áreas mais importantes para o seu sucesso a longo prazo.

Adaptação e Flexibilidade: Oferece uma estrutura que pode se adaptar a mudanças no ambiente de negócios, mantendo o foco nos objetivos estratégicos.

O Hoshin Kanri é uma ferramenta estratégica poderosa para líderes Lean, proporcionando um método claro e eficaz para alinhar metas e ações em toda a organização. Ao adotar o Hoshin Kanri, uma organização pode garantir que todos os esforços e recursos estejam direcionados para os objetivos mais críticos, promovendo uma cultura de transparência, comunicação eficaz, e um compromisso compartilhado com a visão e os objetivos de longo prazo.

Capítulo 7: Liderança Transformacional na Esfera Lean

No mundo empresarial dinâmico e em constante evolução de hoje, a interseção entre a liderança transformacional e a filosofia Lean emerge como um campo fértil para inovação e excelência operacional. Este capítulo se dedica a explorar como a liderança transformacional pode ser efetivamente integrada na esfera Lean, gerando um impacto profundo e duradouro nas organizações.

A liderança transformacional, caracterizada por sua habilidade de inspirar e motivar mudanças significativas, propõe um modelo onde o líder atua não apenas como um gestor de recursos, mas como um visionário e um agente de mudança. No contexto Lean, essa abordagem se torna ainda mais crucial, pois combina a necessidade de eficiência e eliminação de desperdícios com uma visão inspiradora e um compromisso com a melhoria contínua.

Este capítulo visa desvendar como os líderes podem adotar características transformacionais para não só gerir processos Lean com eficiência, mas também para cultivar uma cultura organizacional que abrace a mudança, fomente a inovação e busque constantemente a excelência. Ao alinhar os princípios da liderança transformacional com os valores e práticas Lean, os líderes podem criar um ambiente onde a motivação, o engajamento e a produtividade prosperam simultaneamente.

Dentro deste contexto, exploraremos os seguintes aspectos:

A Fundamentação da Liderança Transformacional: Compreenderemos os elementos essenciais da liderança transformacional e como eles se alinham com os objetivos e práticas Lean.

Os Quatro Pilares da Liderança Transformacional e sua Aplicabilidade no Lean: Aprofundaremos no estudo dos quatro componentes-chave da liderança transformacional - Influência Idealizada, Estímulo Intelectual, Motivação Inspiradora e Consideração Individualizada - e como estes podem ser aplicados para fortalecer a implementação Lean.

Estudos de Caso e Aplicações Práticas: Através de estudos de caso e exemplos do mundo real, ilustraremos como a liderança transformacional tem sido aplicada em ambientes Lean, destacando tanto os sucessos quanto os desafios enfrentados.

Desenvolvimento de Líderes Transformacionais Lean: Discutiremos estratégias e práticas para o desenvolvimento de líderes que possam integrar efetivamente os princípios transformacionais no gerenciamento Lean, promovendo uma cultura de melhoria contínua e inovação.

Desafios e Soluções na Implementação: Identificaremos os desafios comuns na fusão da liderança transformacional com práticas Lean e sugeriremos estratégias para superá-los, garantindo uma implementação bem-sucedida e sustentável.

Ao final deste capítulo, os leitores terão uma compreensão aprofundada de como a liderança transformacional pode ser uma força poderosa na realização dos ideais Lean, promovendo uma cultura organizacional que não apenas busca eficiência, mas que é resiliente, adaptável e perpetuamente inclinada à excelência.

7.1 Entendendo a Liderança Transformacional

A liderança transformacional é um estilo de liderança que vai além da simples gestão de tarefas e processos. Ela se concentra em transformar as organizações por meio da inspiração e do desenvolvimento de seus colaboradores. Este estilo de liderança é essencial no contexto Lean, pois promove uma cultura de melhoria contínua, inovação e adaptação às mudanças. Vamos explorar este conceito em detalhes:

Definição e Características

Influência Inspiradora: Líderes transformacionais são caracterizados por sua habilidade de criar uma visão inspiradora e motivadora para o futuro. Eles usam sua paixão e entusiasmo para inspirar e motivar os colaboradores, estabelecendo uma direção clara e um propósito atraente.

Estímulo Intelectual: Esses líderes desafiam o status quo e incentivam a criatividade e a inovação. Eles estimulam seus colaboradores a pensar de forma crítica e a questionar as práticas existentes, promovendo a resolução criativa de problemas e a geração de novas ideias.

Consideração Individualizada: A liderança transformacional também envolve oferecer suporte e encorajamento individual, reconhecendo as necessidades e o desenvolvimento pessoal de cada colaborador. Os líderes transformacionais são empáticos e ajudam os membros da equipe a alcançar seu potencial.

Motivação Inspiradora: Eles são mestres em motivar e engajar as equipes, alinhando as metas individuais com os objetivos organizacionais. Isso cria um ambiente de trabalho mais dinâmico, onde os colaboradores se sentem valorizados e parte de um propósito maior.

Aplicação no Lean

Promovendo a Melhoria Contínua: Líderes transformacionais são fundamentais para promover uma cultura de melhoria contínua, um pilar central da filosofia Lean. Eles incentivam a equipe a buscar constantemente formas de melhorar processos e reduzir desperdícios.

Inovação e Resolução de Problemas: Estes líderes estimulam a inovação ao encorajar a equipe a pensar de maneira diferente e a encontrar soluções criativas para problemas complexos, o que é crucial para a implementação efetiva de práticas Lean.

Desenvolvimento de Pessoas: Ao se concentrarem no desenvolvimento de suas equipes, líderes transformacionais garantem que os colaboradores estejam sempre aprimorando suas habilidades e competências, o que é vital para sustentar a melhoria contínua em um ambiente Lean.

Fomentando a Adaptação e a Resiliência: Eles preparam a organização para se adaptar rapidamente às mudanças do mercado e desafios internos, mantendo a equipe resiliente e focada nos objetivos de longo prazo.

A liderança transformacional, portanto, não é apenas sobre liderar uma equipe; é sobre transformar toda a organização. No contexto Lean, esses líderes são vitais para inspirar uma visão de futuro, promover inovação, encorajar a melhoria contínua e desenvolver uma força de trabalho resiliente e adaptável. Ao adotar este estilo de liderança, os líderes podem maximizar o potencial de suas equipes e orientar suas organizações rumo a um sucesso sustentável e significativo.

7.2 Os Quatro Pilares da Liderança Transformacional

A liderança transformacional é sustentada por quatro pilares fundamentais que são essenciais para sua eficácia, especialmente no contexto Lean. Estes pilares ajudam a criar um ambiente onde a mudança não é apenas possível, mas também é sustentável e orientada para o crescimento. Vamos explorar cada um deles em detalhes:

1. Influência Idealizada (Carisma)

Definição: A influência idealizada, frequentemente descrita como carisma, refere-se à habilidade do líder de agir como um forte modelo de papel para os seguidores. Os líderes transformacionais são admirados, respeitados e confiáveis, e possuem uma forte ética de trabalho e um conjunto de valores claros que são vividos diariamente.

Aplicação no Lean: No Lean, o líder transformacional usa sua influência idealizada para inspirar a equipe em direção à visão de melhoria contínua. Este líder demonstra comprometimento com os princípios Lean e, por meio do exemplo pessoal, motiva a equipe a adotar esses mesmos valores.

2. Motivação Inspiracional

Definição: A motivação inspiracional envolve a habilidade de inspirar e motivar colaboradores. Líderes transformacionais são excelentes comunicadores, capazes de transmitir uma visão clara e atraente que estimula os colaboradores a ultrapassarem suas próprias expectativas.

Aplicação no Lean: Dentro de um contexto Lean, um líder transformacional emprega a motivação inspiracional para encorajar a equipe a alcançar metas ambiciosas de melhoria e eficiência, mantendo altos níveis de entusiasmo e comprometimento com a mudança.

3. Estímulo Intelectual

Definição: Este pilar refere-se à capacidade do líder de estimular os seguidores a serem criativos e inovadores. Líderes transformacionais desafiam as suposições existentes e incentivam a experimentação e a resolução criativa de problemas.

Aplicação no Lean: No contexto Lean, o líder estimula intelectualmente a equipe, encorajando-os a questionar processos existentes e a procurar continuamente maneiras mais eficientes de trabalhar, alinhando-se com o princípio de melhoria contínua do Lean.

4. Consideração Individualizada

Definição: A consideração individualizada é a capacidade do líder de fornecer apoio, encorajamento e atenção personalizada para o desenvolvimento dos colaboradores. Isso envolve compreender e valorizar as necessidades individuais, habilidades e aspirações de cada membro da equipe.

Aplicação no Lean: Em uma abordagem Lean, o líder transformacional emprega consideração individualizada para garantir que cada membro da equipe não apenas compreenda seu papel na filosofia Lean, mas também esteja continuamente se desenvolvendo e contribuindo de forma significativa.

Os quatro pilares da liderança transformacional são interdependentes e se complementam. Em um ambiente Lean, eles ajudam a criar uma cultura de respeito, confiança, inspiração e inovação. Líderes que efetivamente empregam estes pilares são capazes de guiar suas equipes e organizações através de transformações significativas, alcançando resultados excepcionais e sustentáveis. Ao adotar estes pilares, os líderes não apenas alcançam objetivos organizacionais, mas também contribuem para o crescimento e desenvolvimento pessoal de seus colaboradores.

7.3 Integrando Lean e Liderança Transformacional

A integração entre a filosofia Lean e a liderança transformacional representa um enfoque poderoso para impulsionar mudanças significativas e duradouras dentro de organizações. Essa abordagem combina o foco na eficiência e melhoria contínua do Lean com a capacidade da liderança transformacional de inspirar, motivar e inovar. A seguir, detalhamos como essa integração pode ser efetivada e quais os impactos positivos que ela pode gerar.

Entendendo a Síntese

Conceito: A integração de Lean e liderança transformacional não é a sobreposição de duas estratégias distintas, mas a fusão de duas filosofias complementares. Enquanto o Lean oferece um roteiro prático para a melhoria contínua, a liderança transformacional fornece a visão, a inspiração e a motivação necessárias para levar essas iniciativas adiante.

Prática: Na prática, um líder transformacional em um ambiente Lean atua como um agente de mudança que não apenas implementa estratégias de melhoria, mas também transforma a cultura organizacional, alinhando-a com os princípios Lean.

Impactos da Integração

Cultura de Melhoria Contínua:

Lean: Promove a otimização constante de processos e a eliminação de desperdícios.

Liderança Transformacional: Inspira a equipe a abraçar essa jornada, tornando a melhoria contínua uma aspiração compartilhada.

Empoderamento e Engajamento dos Colaboradores:

Lean: Encoraja o envolvimento de todos na solução de problemas e na inovação.

Liderança Transformacional: Cria um ambiente onde os colaboradores se sentem valorizados e parte essencial do processo de mudança.

Adaptação e Flexibilidade:

Lean: Exige uma mentalidade de adaptação e flexibilidade para melhorar continuamente.

Liderança Transformacional: Encoraja os colaboradores a abraçarem a mudança, verem falhas como oportunidades de aprendizado e a serem resilientes.

Comunicação e Colaboração:

Lean: A comunicação clara e a colaboração são essenciais para o sucesso do Lean.

Liderança Transformacional: Fortalece esses aspectos por meio de um diálogo aberto e uma abordagem inclusiva.

Inovação e Criatividade:

Lean: Fomenta a busca contínua por métodos mais eficazes e eficientes.

Liderança Transformacional: Estimula a criatividade, permitindo que os colaboradores experimentem e proponham novas ideias.

Estratégias de Implementação

Treinamento e Desenvolvimento: Investir na capacitação dos líderes e colaboradores para que compreendam e apliquem os princípios de ambas as filosofias.

Comunicação Eficaz: Garantir que a visão, os objetivos e os valores do Lean sejam comunicados de forma clara, inspiradora e alinhada com os princípios da liderança transformacional.

Feedback e Reflexão Contínua: Encorajar um ambiente onde o feedback é utilizado para promover o crescimento contínuo e a reflexão sobre as práticas e processos.

A integração do Lean com a liderança transformacional é um caminho robusto para criar uma organização dinâmica, adaptativa e profundamente engajada na melhoria contínua. Líderes transformacionais no contexto Lean são os arquitetos e os catalisadores dessa mudança, influenciando não apenas os processos e resultados, mas também a mentalidade e o comportamento dos colaboradores. Essa abordagem holística não apenas impulsiona a eficiência operacional, mas também constrói uma cultura organizacional resiliente, inovadora e orientada para o futuro.

7.4 Casos de Estudo: Liderança Transformacional em Ação no Contexto Lean

Explorar casos de estudo reais fornece insights valiosos sobre como a liderança transformacional, quando aplicada no contexto Lean, pode gerar mudanças significativas e positivas nas organizações. Aqui, apresentamos quatro estudos de caso que ilustram a implementação efetiva desta abordagem.

Caso de Estudo 1: Transformação na Indústria Automotiva

Contexto: Uma grande fabricante de automóveis enfrentava desafios de eficiência e qualidade.

Liderança Transformacional: Um novo CEO com forte orientação para liderança transformacional foi nomeado.

Estratégias Implementadas:

Cultura Lean: Implementação de sistemas Lean em toda a cadeia de produção.

Empoderamento de Equipes: Encorajamento da participação dos colaboradores na identificação e resolução de problemas.

Comunicação Inspiradora: Uso de uma comunicação que inspirava a visão de excelência e inovação.

Resultados: Melhoria significativa na qualidade dos produtos, aumento na satisfação dos clientes e eficiência operacional.

Caso de Estudo 2: Revolução no Setor de Saúde

Contexto: Um hospital enfrentava problemas com tempos de espera longos e insatisfação dos pacientes.

Liderança Transformacional: A direção do hospital adotou um estilo de liderança mais inspirador e inovador.

Estratégias Implementadas:

Processos Lean em Saúde: Aplicação de princípios Lean para melhorar a eficiência dos processos hospitalares.

Foco no Paciente: Redefinição dos processos com foco na experiência do paciente.

Desenvolvimento de Lideranças: Treinamento de líderes internos para promover e sustentar a mudança.

Resultados: Redução nos tempos de espera, aumento na satisfação dos pacientes e melhorias na gestão de recursos.

Caso de Estudo 3: Inovação no Setor de Tecnologia

Contexto: Uma empresa de tecnologia lutava com atrasos no desenvolvimento de produtos e baixa moral da equipe.

Liderança Transformacional: Introdução de uma liderança focada em inovação e criatividade.

Estratégias Implementadas:

Lean em P&D: Aplicação de métodos Lean no desenvolvimento de produtos para acelerar o ciclo de inovação.

Ambiente Colaborativo: Criação de um ambiente que fomenta a colaboração e a experimentação.

Reconhecimento e Recompensas: Implementação de um sistema de recompensas para incentivar a inovação.

Resultados: Aceleração no lançamento de produtos, aumento da inovação e melhoria no engajamento da equipe.

Caso de Estudo 4: Transformação no Setor de Varejo

Contexto: Uma cadeia de varejo enfrentava desafios com a gestão de estoque e a satisfação do cliente.

Liderança Transformacional: Adoção de uma liderança focada em eficiência e atendimento ao cliente.

Estratégias Implementadas:

Lean no Varejo: Implementação de práticas Lean para otimizar a gestão de estoque e logística.

Foco no Cliente: Realinhamento dos processos com foco na experiência do cliente.

Treinamento e Desenvolvimento: Capacitação contínua dos colaboradores em práticas Lean e atendimento ao cliente.

Resultados: Melhoria na gestão de estoque, aumento da satisfação dos clientes e maior eficiência operacional.

Estes casos de estudo demonstram que a liderança transformacional, aliada aos princípios Lean, pode conduzir a melhorias substanciais em diversos setores. A chave para o sucesso reside na combinação eficaz de uma visão inspiradora, comunicação efetiva, empoderamento de equipes e a aplicação consistente de práticas Lean para otimizar processos e promover uma cultura de melhoria contínua.

7.5 Desafios e Soluções na Implementação da Liderança Transformacional no Contexto Lean

A adoção da liderança transformacional em um ambiente Lean não está isenta de desafios. Vamos explorar alguns dos obstáculos mais comuns e as soluções estratégicas para superá-los.

Desafio 1: Resistência à Mudança

Natureza do Desafio: Muitas organizações enfrentam resistência interna quando tentam implementar novos processos ou mudar a cultura existente.

Solução:

Comunicação Eficaz: Estabelecer canais de comunicação claros e consistentes para explicar os benefícios da mudança.

Envolvimento de Equipes: Incluir os colaboradores no processo de planejamento e implementação da mudança para aumentar o buy-in.

Gestão de Expectativas: Definir expectativas realistas e demonstrar progressos e sucessos iniciais.

Desafio 2: Alinhamento de Visão e Estratégia

Natureza do Desafio: Alinhar a visão da liderança transformacional com as estratégias e objetivos Lean da organização pode ser complicado.

Solução:

Workshops de Alinhamento: Realizar sessões colaborativas para discutir e alinhar as visões e estratégias.

Planejamento Estratégico Participativo: Incluir diferentes níveis da organização no processo de planejamento estratégico.

Indicadores de Desempenho: Estabelecer KPIs claros que refletem tanto os objetivos Lean quanto a visão transformacional.

Desafio 3: Manutenção da Motivação e do Comprometimento

Natureza do Desafio: Manter a equipe motivada e comprometida com as mudanças a longo prazo.

Solução:

Reconhecimento e Recompensas: Implementar um sistema de recompensa e reconhecimento para celebrar sucessos e esforços.

Desenvolvimento Profissional Contínuo: Oferecer oportunidades de crescimento e aprendizado contínuo para os colaboradores.

Feedback Regular: Fornecer feedback construtivo e regular para manter as equipes engajadas e focadas.

Desafio 4: Integração de Novas Tecnologias e Processos

Natureza do Desafio: Integrar novas tecnologias e processos Lean de forma eficaz pode ser difícil, especialmente em organizações estabelecidas.

Solução:

Treinamento e Educação: Proporcionar treinamento abrangente sobre novas tecnologias e processos.

Testes Piloto e Implementação Gradual: Iniciar com projetos piloto para testar e ajustar antes da implementação em larga escala.

Suporte Técnico Contínuo: Garantir disponibilidade de suporte técnico e recursos para facilitar a transição.

Desafio 5: Sustentabilidade das Iniciativas Lean

Natureza do Desafio: Garantir que as iniciativas Lean não sejam apenas um "modismo" e que sejam sustentáveis a longo prazo.

Solução:

Criação de uma Cultura Lean: Trabalhar para incutir os princípios Lean como parte da cultura organizacional.

Liderança pelo Exemplo: Líderes devem demonstrar compromisso contínuo com os princípios Lean.

Revisão e Ajuste Contínuos: Estabelecer um processo de revisão regular para avaliar a eficácia e fazer ajustes conforme necessário.

Superar esses desafios exige uma abordagem estratégica e comprometida. A liderança transformacional, aliada ao Lean, tem o potencial de criar uma mudança duradoura e significativa, mas requer dedicação contínua, adaptação e alinhamento entre a visão, as pessoas e os processos.

7.6 Desenvolvimento de Líderes Transformacionais Lean

O desenvolvimento de líderes transformacionais Lean é um processo integral para o sucesso e a sustentabilidade de qualquer organização que aspire integrar estas duas poderosas filosofias. Este capítulo aborda estratégias e práticas para cultivar líderes capazes de combinar a eficiência do Lean com a inspiração da liderança transformacional.

Estratégias de Desenvolvimento

Programas de Formação Personalizados:

Objetivo: Desenvolver habilidades específicas alinhadas com os princípios Lean e as competências da liderança transformacional.

Implementação: Cursos e workshops que enfocam habilidades Lean, como resolução de problemas e eficiência operacional, combinados com treinamento em comunicação, empatia e motivação.

Mentoria e Coaching:

Objetivo: Fornecer orientação e feedback contínuos para o desenvolvimento de habilidades de liderança.

Implementação: Programas de mentoria onde líderes experientes acompanham e aconselham os emergentes, enfocando tanto em aspectos técnicos quanto comportamentais.

Experiência Prática em Projetos Lean:

Objetivo: Permitir que os líderes em desenvolvimento apliquem práticas Lean em contextos reais.

Implementação: Envolver esses líderes em projetos Lean reais, proporcionando-lhes a oportunidade de praticar e refinar suas habilidades.

Feedback e Avaliação Contínua:

Objetivo: Identificar áreas de força e de melhoria.

Implementação: Sistemas regulares de avaliação de desempenho e feedback de 360 graus para fornecer insights sobre a eficácia da liderança.

Desenvolvimento de Inteligência Emocional:

Objetivo: Reforçar a capacidade de entender e gerenciar emoções próprias e dos outros.

Implementação: Treinamentos focados em autoconsciência, autogestão, consciência social e habilidades de relacionamento.

Aprendizado e Adaptação Contínua:

Objetivo: Promover uma mentalidade de crescimento e adaptação.

Implementação: Encorajar a aprendizagem contínua através de leituras, seminários e conferências sobre as últimas tendências em Lean e liderança transformacional.

Elementos-Chave para o Sucesso

Cultura Organizacional Apoiadora: Uma cultura que valoriza o desenvolvimento contínuo, a inovação e a melhoria contínua é crucial.

Apoio da Alta Gestão: O comprometimento e o suporte da alta direção são essenciais para legitimar e priorizar o desenvolvimento de líderes.

Integração com a Estratégia Organizacional: As iniciativas de desenvolvimento devem estar alinhadas com os objetivos e estratégias gerais da organização.

Personalização do Desenvolvimento: Reconhecer que cada líder tem necessidades únicas de desenvolvimento e adaptar os programas conforme necessário.

Desenvolver líderes transformacionais Lean é um investimento a longo prazo que requer compromisso, recursos e uma abordagem estratégica. Esses líderes são cruciais para impulsionar mudanças significativas, promover uma cultura de melhoria contínua e alcançar excelência operacional. Através de uma combinação de formação, experiência prática, mentoria e apoio contínuo, as organizações podem cultivar líderes capazes de navegar e prosperar em ambientes complexos e em constante mudança.

Capítulo 8: Consolidando a Transformação Lean Através da Liderança

Contextualização

No universo empresarial dinâmico e competitivo de hoje, a adoção de práticas Lean não é apenas uma questão de implementação de um conjunto de ferramentas ou metodologias; é uma transformação cultural e operacional profunda. Este capítulo é dedicado a explorar como a liderança desempenha um papel fundamental na consolidação dessa transformação, assegurando que as práticas Lean não sejam apenas adotadas de forma superficial, mas profundamente enraizadas na cultura organizacional.

A Essência da Transformação Lean

A transformação Lean vai além da otimização de processos e redução de desperdícios. Ela representa uma mudança paradigmática na forma como uma organização pensa, opera e valoriza seu pessoal e seus processos. Esta seção introduz o conceito de transformação Lean como uma jornada contínua, destacando a importância da liderança no processo de navegar e sustentar essa mudança.

O Papel Crucial da Liderança

Líderes em uma organização Lean não são apenas gestores ou supervisores; são catalisadores e mantenedores da mudança. Esta seção enfatiza o papel dos líderes em modelar a cultura Lean, inspirar a equipe, e promover um ambiente onde a melhoria contínua não é apenas incentivada, mas vivenciada diariamente.

Estratégias de Implementação e Consolidação

Implementar a filosofia Lean é um desafio; consolidá-la é outro ainda maior. Aqui, exploramos estratégias eficazes que líderes podem adotar para garantir que a transformação Lean seja bem-sucedida e sustentável. Isso inclui estabelecer objetivos claros, manter comunicações eficazes, desenvolver habilidades Lean nos colaboradores e criar um sistema de feedback e ajustes contínuos.

Sustentabilidade da Cultura Lean

A verdadeira medida do sucesso de uma transformação Lean é sua sustentabilidade a longo prazo. Esta seção examina como os líderes podem garantir que os valores e práticas Lean sejam mantidos e evoluídos ao longo do tempo, mesmo diante de desafios internos e externos.

Superando Desafios

Qualquer mudança organizacional encontra resistência e desafios. Nesta parte, discutimos os desafios comuns que as organizações enfrentam ao consolidar a transformação Lean e como líderes podem efetivamente superá-los.

Este capítulo é um guia essencial para líderes que buscam não apenas implementar a filosofia Lean em suas organizações, mas torná-la uma parte integral e sustentável de sua cultura organizacional. Abordando desde as estratégias de implementação até a superação de desafios, este capítulo oferece uma visão abrangente e prática sobre como liderar com sucesso uma transformação Lean duradoura.

8.1 Estratégias de Implementação e Consolidação Lean

Definição de Visão e Objetivos Claros

Visão Compartilhada: Líderes devem estabelecer e comunicar uma visão clara de como a filosofia Lean beneficiará a organização. Esta visão deve ser inspiradora e alinhada com os objetivos corporativos.

Objetivos SMART: Definir objetivos específicos, mensuráveis, alcançáveis, relevantes e temporais (SMART) para guiar a implementação Lean.

Alinhamento Organizacional: Garantir que todos na organização entendam e estejam alinhados com a visão Lean e como ela se relaciona com seus papéis e responsabilidades.

Cultura de Melhoria Contínua

Liderança pelo Exemplo: Líderes devem demonstrar um compromisso com os princípios Lean, aplicando-os em suas próprias práticas de trabalho.

Empowerment dos Colaboradores: Capacitar funcionários para identificar ineficiências e sugerir melhorias. Isso não só melhora os processos, mas também aumenta o engajamento e a satisfação no trabalho.

Reconhecimento e Recompensa: Estabelecer sistemas de reconhecimento para incentivar e recompensar comportamentos e resultados alinhados com a filosofia Lean.

Comunicação Eficaz e Contínua

Comunicação Aberta: Manter canais de comunicação abertos para que os funcionários possam compartilhar ideias e feedbacks. Isso inclui reuniões regulares, fóruns de discussão e plataformas digitais.

Transparência: Ser transparente sobre os progressos, desafios e mudanças na implementação Lean. Isso ajuda a construir confiança e a manter todos informados e engajados.

Treinamento e Desenvolvimento

Programas de Treinamento: Oferecer treinamento abrangente em princípios e ferramentas Lean para todos os níveis da organização.

Desenvolvimento Contínuo: Promover uma cultura de aprendizado contínuo, onde os funcionários são encorajados a aprimorar suas habilidades e conhecimentos Lean.

Monitoramento, Avaliação e Ajuste

Indicadores de Desempenho: Utilizar indicadores chave de desempenho (KPIs) para monitorar a eficácia da implementação Lean.

Feedback e Ajustes: Regularmente revisar e ajustar estratégias com base no feedback dos funcionários e nos resultados dos KPIs.

Auditorias Lean: Realizar auditorias periódicas para avaliar a aderência aos princípios Lean e identificar áreas para melhoria.

Sustentabilidade e Escalabilidade

Planos de Longo Prazo: Desenvolver planos estratégicos para sustentar e escalar as iniciativas Lean ao longo do tempo.

Adaptação e Flexibilidade: Estar preparado para adaptar estratégias Lean em resposta a mudanças no ambiente de negócios ou desafios internos.

Implementar e consolidar a filosofia Lean requer uma abordagem estratégica que engloba clareza de visão, envolvimento de colaboradores, comunicação efetiva, treinamento contínuo, monitoramento rigoroso e adaptabilidade. Líderes que seguem estas estratégias podem não apenas alcançar a eficiência operacional, mas também fomentar uma cultura organizacional que abraça a melhoria contínua como um valor central.

8.2 Liderança no Front da Transformação

Papel Central da Liderança na Transformação Lean

Mobilização de Recursos e Pessoas: Líderes Lean desempenham um papel crucial em mobilizar recursos e pessoas para a transformação. Eles garantem que as equipes tenham o que é necessário para implementar mudanças efetivas.

Definição de Prioridades: Eles estabelecem e comunicam claramente as prioridades, garantindo que a transformação Lean esteja alinhada com os objetivos estratégicos da organização.

Fomentando uma Mentalidade Lean

Modelo de Comportamento: Líderes devem ser exemplos vivos dos princípios Lean, demonstrando comprometimento com a melhoria contínua e eficiência.

Educação e Conscientização: Promovem a educação Lean em todos os níveis da organização, desenvolvendo uma compreensão profunda dos princípios e práticas Lean.

Comunicação e Engajamento

Disseminação da Visão Lean: Líderes eficazes comunicam a visão Lean de maneira inspiradora, motivando os funcionários a adotarem novas maneiras de trabalhar.

Engajamento de Stakeholders: Eles engajam ativamente diferentes stakeholders, incluindo funcionários, clientes e fornecedores, no processo de transformação.

Construção de Times Lean Competentes

Formação de Equipes: Formam equipes multidisciplinares capazes de implementar e sustentar iniciativas Lean.

Empowerment e Autonomia: Empoderam equipes para tomar decisões e resolver problemas, promovendo a autonomia e a responsabilidade.

Gestão de Mudanças

Gestão Ativa de Mudanças: Líderes Lean gerenciam ativamente a mudança, abordando resistências e desafios de forma construtiva.

Flexibilidade e Adaptabilidade: Demonstram flexibilidade e adaptabilidade, ajustando estratégias conforme necessário para garantir o sucesso da transformação.

Monitoramento e Ajuste Contínuos

Avaliação Contínua: Avaliam continuamente o progresso das iniciativas Lean, utilizando feedback e métricas para fazer ajustes.

Iteração e Melhoria: Encorajam uma abordagem iterativa, onde o aprendizado contínuo e as melhorias são parte integral do processo.

Sustentabilidade da Transformação

Construção de uma Cultura Sustentável: Trabalham para incutir uma cultura Lean duradoura que transcenda projetos individuais e se torne parte do DNA organizacional.

Desenvolvimento de Líderes Futuros: Investem no desenvolvimento de futuros líderes Lean, assegurando a continuidade e o crescimento da filosofia Lean na organização.

Liderar no front da transformação Lean exige uma combinação de habilidades estratégicas, capacidade de engajamento, competência em gestão de mudanças e um comprometimento profundo com os princípios Lean. Líderes eficazes nesta frente não apenas conduzem a transformação, mas também cultivam uma cultura Lean sustentável, garantindo que os benefícios da abordagem Lean perdurem e evoluam com o tempo.

8.3 Monitoramento, Avaliação e Ajustes Contínuos

Estabelecendo Sistemas de Monitoramento

Indicadores Chave de Desempenho (KPIs): Líderes Lean devem estabelecer KPIs claros e mensuráveis que estejam alinhados com os objetivos da transformação Lean. Estes indicadores ajudam a avaliar o progresso e a eficácia das iniciativas em curso.

Sistemas de Feedback: Implementação de sistemas para coleta de feedback contínuo de colaboradores e clientes. Isso pode incluir pesquisas, reuniões regulares de feedback e plataformas de comunicação aberta.

Análise de Dados para Tomada de Decisão

Coleta de Dados: Líderes Lean devem garantir a coleta sistemática e precisa de dados operacionais e de desempenho.

Análise e Insights: Utilização de ferramentas analíticas para transformar dados em insights acionáveis, identificando tendências, gargalos e oportunidades de melhoria.

Cultura de Melhoria Contínua

Iteração Regular: Fomentar uma cultura onde a melhoria contínua é uma prática regular. Isso envolve revisitar processos e sistemas frequentemente para identificar áreas para refinamento e otimização.

Aprendizado com Erros: Encorajar uma mentalidade onde erros são vistos como oportunidades de aprendizado e crescimento, ao invés de falhas a serem penalizadas.

Ajustes Baseados em Feedback

Resposta Ágil: Capacidade de responder rapidamente aos feedbacks e aos resultados dos KPIs, fazendo ajustes nas estratégias e nos processos quando necessário.

Adaptação às Mudanças: Adaptabilidade para mudar de direção se os resultados esperados não estão sendo alcançados, ou se surgem novas oportunidades e desafios.

Revisões Periódicas e Planejamento

Revisões Regulares: Realizar revisões periódicas da estratégia e dos processos Lean para assegurar que permaneçam relevantes e eficazes.

Planejamento Proativo: Usar as informações coletadas para planejar proativamente futuras ações e iniciativas, antecipando mudanças no mercado ou na indústria.

Comunicação Transparente

Compartilhamento de Resultados: Manter uma comunicação transparente com todas as partes interessadas sobre o progresso, desafios e sucessos da transformação Lean.

Inclusão na Tomada de Decisão: Envolver equipes e colaboradores na análise dos resultados e na tomada de decisões sobre ajustes necessários, promovendo a inclusão e o comprometimento.

O monitoramento, avaliação e ajustes contínuos são vitais para a sustentabilidade e o sucesso de uma transformação Lean. Líderes eficazes utilizam esses processos para manter a transformação alinhada com as metas organizacionais, responder a mudanças e desafios de forma ágil, e fomentar uma cultura de melhoria contínua. Esta abordagem iterativa e baseada em dados garante que a liderança Lean seja dinâmica, adaptável e sempre orientada para resultados otimizados.

8.4 Sustentando a Cultura Lean

Reforço Contínuo dos Princípios Lean

Educação e Treinamento: Investimento contínuo em programas de educação e treinamento para reforçar os princípios Lean. Isso inclui workshops regulares, seminários e sessões de aprendizagem para todos os níveis da organização.

Comunicação dos Valores: Manter os valores e princípios Lean no centro da comunicação organizacional, assegurando que eles sejam uma parte integral das operações diárias.

Liderança Como Modelo de Papel

Exemplificando Comportamentos Lean: Líderes devem ser os primeiros a adotar e demonstrar comportamentos Lean, servindo como modelos para seus times.

Consistência na Prática: Garantir que as práticas e decisões dos líderes estejam consistentemente alinhadas com os princípios Lean.

Celebrando Sucessos e Aprendizados

Reconhecimento e Celebração: Celebrar os sucessos alcançados através da implementação Lean, reconhecendo tanto os grandes marcos quanto as pequenas vitórias.

Aprendendo com Falhas: Encorajar uma atmosfera onde lições são tiradas de falhas e desafios, promovendo um ambiente de aprendizado e crescimento contínuos.

Integrando Lean nas Estratégias Organizacionais

Alinhamento Estratégico: Certificar-se de que os objetivos e estratégias Lean estão alinhados com as metas gerais da organização.

Integração em Processos de Negócios: Incorporar práticas Lean em todos os aspectos dos processos de negócios, desde a gestão de recursos humanos até o desenvolvimento de produtos.

Fomentando a Inovação e Melhoria Contínua

Espaço para Inovação: Criar um ambiente onde os colaboradores se sintam empoderados para experimentar novas ideias e abordagens, alinhadas com os princípios Lean.

Mecanismos de Feedback: Estabelecer canais efetivos para feedback contínuo, permitindo que ideias e sugestões sejam compartilhadas e consideradas.

Construção de Comunidades Lean

Redes Internas e Externas: Fomentar a criação de comunidades Lean, tanto dentro da organização quanto no setor em que opera, para compartilhar conhecimentos, melhores práticas e desafios.

Parcerias e Colaborações: Estabelecer parcerias estratégicas com outras organizações, instituições educacionais e grupos de interesse para promover a filosofia Lean.

Sustentar a cultura Lean requer uma abordagem multifacetada que envolve educação contínua, liderança exemplar, celebração de sucessos, integração estratégica, inovação e a construção de comunidades. É um processo dinâmico e contínuo, que exige comprometimento e participação ativa de todos na organização. Com a manutenção desses esforços, as práticas Lean podem se tornar parte intrínseca da cultura organizacional, levando a melhorias contínuas e sustentáveis a longo prazo.

8.5 Inovação e Melhoria Contínua

Fomentando uma Cultura de Inovação

Criação de um Ambiente Propício: Estabelecer um ambiente organizacional que nutra e encoraje a inovação. Isso inclui o apoio a riscos calculados e a aceitação do fracasso como parte do processo de aprendizagem.

Empoderamento dos Colaboradores: Incentivar os colaboradores a apresentar novas ideias e soluções. Isso não apenas gera inovação, mas também aumenta o engajamento e a satisfação no trabalho.

Processos de Melhoria Contínua

Implementação de Ciclos PDCA (Plan-Do-Check-Act): Utilizar esta metodologia para experimentar soluções inovadoras em pequena escala, avaliar os resultados e, se bem-sucedidas, implementá-las em maior escala.

Kaizen: Encorajar uma mentalidade de melhoria contínua, onde os processos são regularmente avaliados e aprimorados.

Integração da Inovação na Estratégia Lean

Alinhamento com Objetivos Lean: Garantir que as inovações estejam alinhadas com os princípios Lean, como eliminação de desperdícios e otimização de processos.

Balanceamento entre Eficiência e Inovação: Encontrar um equilíbrio entre manter operações enxutas e explorar novas ideias e tecnologias.

Utilização de Tecnologias e Dados

Adoção de Novas Tecnologias: Explorar como as tecnologias emergentes podem ser integradas nos processos existentes para melhor eficiência e eficácia.

Data-Driven Decision Making: Utilizar dados para informar decisões, identificar tendências e oportunidades de inovação.

Colaboração e Networking

Parcerias Estratégicas: Formar parcerias com outras empresas, instituições acadêmicas e grupos de pesquisa para fomentar a inovação.

Compartilhamento de Conhecimento: Promover a troca de conhecimentos e experiências dentro e fora da organização para estimular ideias inovadoras.

Reconhecimento e Recompensa

Sistemas de Incentivo: Implementar sistemas de recompensas e reconhecimento para ideias inovadoras e melhorias bem-sucedidas.

Celebração de Sucessos: Comemorar e divulgar os sucessos alcançados através da inovação e melhoria contínua.

A inovação e a melhoria contínua são essenciais para a sustentabilidade e o crescimento no contexto Lean. Requerem a criação de uma cultura que valorize a criatividade, a experimentação e a aprendizagem contínua. Líderes Lean desempenham um papel crucial ao modelar esta mentalidade e ao fornecer as ferramentas e o suporte necessários para que suas equipes prosperem. Ao fazer isso, eles garantem que a organização não apenas se mantenha competitiva, mas também esteja constantemente evoluindo e se adaptando às novas demandas e oportunidades do mercado.

8.6 Desafios e Soluções na Consolidação Lean

Desafios Comuns na Implementação Lean

Resistência à Mudança: Um dos maiores desafios é a resistência dos colaboradores e gestores. Mudanças nos processos e na cultura organizacional podem gerar desconforto e oposição.

Falta de Comprometimento da Alta Gestão: A implementação Lean requer apoio e comprometimento consistentes da alta gestão. Sem isso, as iniciativas tendem a perder força.

Visão de Curto Prazo: Muitas organizações focam em resultados imediatos, o que pode comprometer a adoção de práticas Lean, que geralmente mostram resultados no longo prazo.

Comunicação Deficiente: A falha na comunicação clara dos objetivos, benefícios e processos da abordagem Lean pode gerar mal-entendidos e falta de alinhamento.

Formação e Desenvolvimento Inadequados: Sem o treinamento adequado, os colaboradores podem se sentir perdidos e incapazes de adotar as práticas Lean efetivamente.

Dificuldades na Sustentação da Cultura Lean: Manter a cultura Lean a longo prazo é um desafio, especialmente quando há mudanças na liderança ou no ambiente de negócios.

Soluções Estratégicas

Gestão da Mudança Eficaz: Implementar estratégias de gestão de mudança para ajudar os colaboradores a entender e aceitar as mudanças. Isso inclui comunicação clara, treinamento e suporte contínuo.

Engajamento da Liderança: Garantir que os líderes estejam plenamente comprometidos e envolvidos no processo. Líderes devem atuar como modelos e defensores da mentalidade Lean.

Foco no Longo Prazo: Cultivar uma visão de longo prazo, destacando como as práticas Lean contribuem para a sustentabilidade e sucesso a longo prazo da empresa.

Comunicação Clara e Consistente: Desenvolver um plano de comunicação eficaz para garantir que todos na organização entendam os objetivos e benefícios da abordagem Lean.

Programas de Formação Continuada: Oferecer treinamento e desenvolvimento contínuos para garantir que todos os colaboradores tenham as habilidades e o conhecimento necessários para implementar práticas Lean.

Manutenção da Cultura Lean: Incentivar a melhoria contínua e a inovação para manter a cultura Lean. Isso pode incluir revisões regulares dos processos e sistemas de recompensa alinhados com os princípios Lean.

Os desafios na implementação e sustentação de uma abordagem Lean são significativos, mas não insuperáveis. Com estratégias eficazes, liderança comprometida, comunicação clara e um foco na formação e no desenvolvimento contínuos, é possível superar esses obstáculos. Isso permite que a organização colha os benefícios de longo prazo da filosofia Lean, incluindo maior eficiência, adaptabilidade e satisfação no local de trabalho.

Insights Finais

Adaptação e Flexibilidade: As organizações devem estar preparadas para se adaptar e ajustar suas estratégias Lean conforme as circunstâncias mudam. A flexibilidade é chave para lidar com desafios inesperados.

Compromisso de Longo Prazo: A transformação Lean é uma jornada de longo prazo que requer comprometimento e paciência. Os resultados mais significativos muitas vezes aparecem ao longo do tempo.

Liderança como Pilar Central: Líderes eficazes são cruciais para inspirar, motivar e orientar as equipes através das mudanças. Eles devem ser exemplo de adesão aos princípios Lean e promover um ambiente de respeito, colaboração e aprendizado contínuo.

Envolvimento de Todos: A transformação Lean bem-sucedida necessita do envolvimento de todos na organização, desde a alta gestão até os colaboradores da linha de frente.

Visão Holística: É fundamental adotar uma visão holística, onde a transformação Lean não é vista apenas como uma série de ferramentas e técnicas, mas como uma mudança cultural abrangente que permeia todos os aspectos da organização.

Consolidar a transformação Lean é um processo complexo e desafiador, que depende de uma liderança eficaz e comprometida, estratégias bem definidas, e um compromisso com a melhoria contínua e a inovação. Ao abraçar esses princípios, as organizações podem não apenas implementar com sucesso a filosofia Lean, mas também sustentá-la a longo prazo, garantindo resiliência, eficiência e competitividade no mercado global.

Conclusão

Integrando e Avançando na Jornada Lean

À medida que chegamos ao final desta exploração abrangente da Liderança Lean, é essencial refletir sobre as percepções e lições adquiridas. A viagem através dos diversos aspectos da Liderança Lean revelou não apenas a aplicabilidade e flexibilidade dos princípios Lean, mas também o papel crucial dos líderes em modelar, guiar e sustentar essa transformação.

Revisitando os Fundamentos Lean

O primeiro capítulo desmistificou a essência da filosofia Lean, desdobrando suas raízes históricas e sua evolução além da manufatura. Discutimos como os princípios Lean, embora originados na Toyota, transcendem o setor industrial, oferecendo vantagens competitivas e aplicabilidade em diversos campos. Este entendimento ampliado desafia mitos e concepções errôneas, abrindo caminho para uma aplicação mais eficaz e inovadora do Lean em diferentes contextos.

O Papel do Líder Lean

Os capítulos subsequentes enfatizaram a importância do crescimento e desenvolvimento do líder Lean. O líder Lean é mais do que um gestor de processos; é um visionário, um facilitador de mudanças, e um cultivador de uma cultura de melhoria contínua. O desenvolvimento de habilidades específicas, como resiliência, empatia e tomada de decisão estratégica, é vital para liderar com sucesso em um ambiente Lean.

Cultura Organizacional e Sustentabilidade

A sustentabilidade das práticas Lean depende da criação e manutenção de uma cultura organizacional que valoriza a melhoria contínua, o respeito pelas pessoas e o foco no cliente. Os líderes Lean desempenham um papel crucial na modelagem dessa cultura e na garantia de seu alinhamento com os princípios Lean.

Desafios, Soluções e o Futuro

Confrontar e superar os desafios inerentes à implementação Lean é uma parte crucial da jornada. Identificar e estrategicamente abordar obstáculos, adaptar-se a mudanças e permanecer comprometido com a melhoria contínua são habilidades essenciais para líderes que aspiram a excelência Lean.

Um Convite à Reflexão e Ação

Este livro serve como um convite à reflexão e ação. A liderança Lean não é um destino final, mas um processo contínuo de aprendizado, crescimento e adaptação. Cada líder, independentemente do setor ou da experiência, tem a oportunidade de adotar e adaptar os princípios Lean para criar valor significativo e sustentável.

Rumo ao Futuro com Liderança Lean

À medida que avançamos, as lições e estratégias abordadas neste livro devem servir como bússolas orientadoras, ajudando líderes e organizações a navegar com sucesso no mundo dinâmico e desafiador dos negócios. A jornada Lean é contínua, e cada passo adiante, guiado por uma liderança eficaz e consciente, nos aproxima de um futuro mais ágil, resiliente e centrado no valor.

Fomentando uma Comunidade de Líderes Lean

Além disso, este livro serve como um catalisador para a formação de uma comunidade de líderes Lean. Neste ambiente dinâmico, a troca de experiências, desafios e soluções entre líderes de diferentes indústrias e culturas enriquece o entendimento e a aplicação dos princípios Lean. Através de uma comunidade colaborativa, os líderes podem encontrar apoio, inspiração e uma rica fonte de aprendizado contínuo.

O Papel da Inovação e Adaptação

Em um mundo que muda rapidamente, a capacidade de inovar e adaptar-se é crucial. Os líderes Lean devem abraçar a inovação não apenas em produtos e serviços, mas também em processos e práticas de liderança. A adaptabilidade se torna uma vantagem competitiva, permitindo que as organizações respondam com agilidade às mudanças do mercado e às necessidades dos clientes.

Construindo um Legado Lean

Cada líder tem a oportunidade de deixar um legado positivo, moldando uma cultura organizacional que perdurará além de sua gestão. Este legado é construído através do compromisso com os valores Lean, do desenvolvimento de pessoas e da criação de sistemas que promovam a excelência operacional e a inovação contínua.

Uma Jornada Sem Fim

Finalmente, é importante reconhecer que a jornada Lean é uma jornada sem fim. Não existe um ponto de chegada onde a perfeição é alcançada; há sempre espaço para crescimento, aprendizado e melhoria.

Como líderes Lean, nosso compromisso é com o processo de melhoria contínua, tanto pessoal quanto organizacional.

Conclusão: Um Convite à Ação

Concluímos este livro com um convite à ação. Que cada líder que embarca nesta jornada Lean tome estas lições, estratégias e insights e os aplique de maneira prática e transformadora. Que cada passo dado na jornada Lean seja um passo em direção a uma liderança mais eficaz, uma equipe mais engajada e uma organização mais resiliente e inovadora. A jornada Lean é uma jornada de descoberta, desafio e triunfo. E é uma jornada que vale a pena ser percorrida.

Glossário de Termos Técnicos

Lean: Uma metodologia de gestão focada na criação de valor para o cliente com o mínimo de desperdício. Originária do Sistema Toyota de Produção, aplica princípios de eficiência em diversos tipos de processos organizacionais.

Sistema Toyota de Produção: Sistema de produção desenvolvido pela Toyota que enfatiza a eliminação de desperdício e a eficiência dos processos. É considerado o precursor do pensamento Lean.

Valor: Em Lean, refere-se ao valor percebido pelo cliente, determinando todas as atividades e processos que agregam valor ao produto ou serviço final.

Mapeamento do Fluxo de Valor (VSM): Ferramenta utilizada para visualizar e analisar os passos necessários para levar um produto ou serviço do início ao fim, com o objetivo de identificar e eliminar desperdícios.

Fluxo: Conceito Lean relacionado à movimentação suave e contínua de produtos, serviços e informações através dos processos de trabalho.

Sistema Pull: Sistema de produção onde a demanda do cliente impulsiona a produção, em contraste com sistemas push, onde os produtos são produzidos em antecipação à demanda.

Kaizen: Filosofia japonesa que significa "mudança para melhor" ou "melhoria contínua", essencial no pensamento Lean.

Gemba: Termo japonês que significa "o local real", usado no Lean para descrever o local onde o valor é criado, como o chão de fábrica ou qualquer espaço onde o trabalho é realizado.

Kanban: Sistema de sinalização visual utilizado para controlar o fluxo de trabalho e produção, garantindo que apenas o necessário seja produzido no momento certo.

Resiliência: Capacidade de um indivíduo ou organização de se adaptar rapidamente a mudanças ou desafios, mantendo o desempenho.

Empatia: Habilidade de entender e compartilhar os sentimentos de outra pessoa, crucial na liderança Lean para criar ambientes de trabalho positivos e motivadores.

Pensamento Sistêmico: Abordagem que considera as conexões e as interações entre as partes de um sistema, em vez de focar em componentes individuais isoladamente.

Melhoria Contínua: Processo iterativo de otimização de processos e sistemas, visando incrementar a eficiência e eficácia das operações.

Desperdício (Muda): Qualquer atividade ou processo que não agrega valor ao produto ou serviço, do ponto de vista do cliente.

Liderança Servidora: Estilo de liderança focado em servir e capacitar os membros da equipe, priorizando as necessidades da equipe sobre as individuais.

Liderança Transformacional: Estilo de liderança que inspira mudanças positivas nos seguidores, incentivando inovação e criatividade.

Índice Remissivo

V

Recursos Adicionais

Neste apêndice, fornecemos uma compilação abrangente de recursos adicionais para aprofundar ainda mais seus conhecimentos sobre liderança Lean, oferecendo leituras recomendadas, links para vídeos e webinars relevantes, além de ferramentas práticas para facilitar a implementação do Lean em sua organização.

Leituras Recomendadas:

1.**"A Mentalidade Enxuta nas Empresas"** James P. Womack e Daniel T. Jones

•Uma obra seminal que explora os princípios essenciais da mentalidade enxuta e sua aplicação em diversos setores.

2.**"Liderando a Transformação Lean "**George Koenigsaecker

•Um guia prático para líderes que buscam implementar a transformação Lean em suas organizações, destacando estratégias e estudos de caso.

3.**"O Jeito Toyota de Fazer Negócios"** Jeffrey K. Liker

•O autor, um especialista em Lean, oferece uma análise profunda da cultura e dos processos da Toyota, proporcionando insights valiosos para líderes.

4.**"Lean Thinking: Banish Waste and Create Wealth in Your Corporation"**
James P. Womack e Daniel T. Jones

•Uma obra clássica que explora como eliminar desperdícios e criar valor, essenciais para a liderança Lean.

Links para Vídeos e Webinars Relevantes:

1."Gemba Walks - Going to the Real Place"

- Um vídeo instrutivo sobre a prática dos Gemba Walks e como líderes podem conduzi-los eficazmente.

2."A3 Thinking in Action"

- Um webinar que demonstra a aplicação prática do A3 Thinking em cenários reais, destacando resultados e lições aprendidas.

3."Kanban: Visualizing Work"

- Um vídeo explicativo sobre como o Kanban funciona como uma ferramenta visual poderosa para gerenciar fluxos de trabalho.

4."Digital Lean Leadership: Navigating the Future"

- Um webinar que explora o papel da liderança Lean em um mundo digital, abordando estratégias para integrar tecnologia de forma eficaz.

Ferramentas Práticas para a Implementação do Lean:

1.Quadro Kanban Online:

- Plataformas como Trello, Asana ou Jira oferecem opções para criar quadros Kanban online, facilitando a visualização e gestão de fluxos de trabalho.

2.A3 Template:

- Utilize modelos de A3 disponíveis online para documentar problemas, análises e soluções de forma estruturada.

3.Gemba Walk Checklist:

•Desenvolva uma checklist personalizada para garantir que os Gemba Walks cubram áreas essenciais e maximizem os insights obtidos.

4.Ferramentas de Análise de Dados:

•Explore ferramentas como Microsoft Excel, Tableau ou Power BI para analisar dados e extrair insights para tomada de decisões informadas.

Este apêndice serve como um guia prático, conectando você a recursos valiosos que podem enriquecer sua jornada de liderança Lean. Ao explorar esses recursos, você estará melhor equipado para liderar com eficácia, implementar práticas Lean e promover a melhoria contínua em sua organização.